養護教諭の精神保健術

子どものこころと育ちを支える技

清水將之

北大路書房

傘寿の碑として

まえがき

この本は、どの節から読み始めても結構です。

いささか、トリッキーな書物なのです。もちろん、トリックを企んで書いたものではありません。書き終えてみると、そのようになっているな、と感じたのです。

でも、一部分だけ読むとか、一部を読み残しては、読者に誤解を与える危険、大いにありだと思います。

適当に開いた節を拾い読みなさる方も、読まれた節の目次にかならず鉛筆でチェックしていってください。

約二〇年にわたって私は全国各地で、養護教論と少人数で保健室の事例を読み込む勉強会を重ねてきました。この本は、そこで共に学んできたことのまとめです。

拾い読みの後、全項にチェックが入ってから、もう一度通して読んでみようと思ってくださるなら、私にとって望外の喜びです。そうすることで、保健室と養護教論に向けた私の思い入れをご理解いただけると思います。

子どもの育ちがいま、危ういと繰り返し強調されています。一八歳までの子どもは、学校で一日の三分の一を過ごしています。学校という生活枠の中で子どものこころと育ちを支えることができるのは、養護教諭しかありません。

養護教諭が技量を磨いてくれなければ子どもの育ち行きが揺らぎ、国の未来が危うくなると私は考えているのです。

目次

まえがき　i

第1章　事例から学ぶ　1

1節　「こころの貧血」が治癒した女の子――母の愛は偉大？……2
2節　子どもは家族の一員――家族関係を読み込むことの大切さ……11
3節　決断と覚悟――表の顔と隠れた表情を同時に読む……19
4節　過敏さの背後に秘められた力――中学生のポテンシャル……26
5節　リストカットを繰り返す高校生――女の子が女性になっていく道筋……33
6節　「押したり引いたり」に支えられて育った女の子――遺児が果たした喪の仕事……41
7節　短期決戦で何が起こったか――時間限定でもできること……50
8節　校内連係をどう作るか――多職種が歩調合わせて……57
9節　養護教諭の視線を揺さぶり続けた女の子――協業によって支える……63
10節　終わってみれば――真剣になるべきだけれど、深刻にはならない……72
11節　思春期を女の子が通過するとき――女の子にとって思春期とは……78
12節　「解離症状」を流行らせない――こころにも流行病がある……87
13節　多動児と付き合う――シール評価の使い方……95
14節　留年して通信制を選んだ高校生――養護教諭のトラウマ……104
15節　適応指導教室との共同作業――子どもの命運と法律との間……109

第2章　養護教諭のための精神保健術　五〇カ条　117

1節　保健室はオアシス ……… 118
1　子どもが保健室へやってくるわけ／2　何を求めてやってくるのだろう／3　学校のオアシス／4　養護教諭という職業／5　保健室登校の誕生
2節　からだを活用する ……… 128
1　からだの意味／2　年度初めの健康診断／3　女性の特権を活かす／4　プラセボの活用／5　からだの訴えはまずからだで受け止める
3節　検察官ではなく、民生委員に ……… 138
1　評価・査定・比較・処分を行わぬ職種／2　生活全体を俯瞰する／3　原因探しをしない／4　目の前の現象に振り回されない／5　受容がいのち、だけど枠組みも忘れずに
4節　聴き上手になるために ……… 148
1　養護教諭は説得・説教が本務ではない／2　無言の行にも耐える／3　聴くことの意味／4　聴いてどうなる？／5　映像作家になってみよう
5節　家族という歴史 ……… 158
1　孤児にも家族はいる／2　家族の関係を辿る／3　家族の歴史を辿る／4　親はあなたより永くこの子を見ている／5　家庭訪問の技
6節　秘密ということ ……… 168
1　職業としての守秘義務／2　この子が私に打ち明けたのは、なぜ？／3　嘘の背後

に何がある／4　子どものプライド／5　信頼関係という秘宝
7節　保健室は『出島』………178
1　治外法権？／2　人間くさい交流／3　地域ネットワーク／4　人的資源の活用／5　専門家による援助
8節　嗅覚を磨く………188
1　「悩んでいる」と言ってやってはこない／2　崩壊家庭とは／3　養護教諭のセンス／4　視野の周辺をかすめていく子／5　普段の目配り
9節　保健室の経営学………198
1　エネルギー配分の技／2　管理職を鑑別診断する／3　担任との協業をどう組むか／4　スクール・カウンセラーとの連係／5　卒業式で「さようなら」
10節　あなた自身のメンタルヘルス………208
1　傷つくこと多き仕事／2　報われることの少ない仕事／3　ぼやきの集い／4　事例検討の勧め／5　自分の家族、あなたの趣味

あとがき　219

本文イラスト／石尾陽一郎

第1章　事例から学ぶ

1節 「こころの貧血」が治癒した女の子

――母の愛は偉大？

桃子の場合

中学一年生の秋、「からだがだるい」と訴えて桃子は保健室へやってきた。顔色が悪く眼瞼結膜の色も淡いので、内科受診を勧めた。貧血と診断され、薬物治療が始まった。栄養指導も受け、母親は料理に心配りしていた。

診察の結果を報告に来た桃子は、

「小学校のころから、なんだかわからないけれど、からだがだるかった。貧血のせいだとわかってホッとした」

と語っていた。つらくなったときは保健室を利用してもいいよ、と伝えておいた。

二学期は三〇日ばかり学校を休んだ。登校しても、クラスが三階にあるため息切れ気味になり、一階の保健室で過ごす日が多くなっていった。気分のよいときは保健室で勉強してもいいよと伝えたけれど、やってきても教科書を開くことはほとんどなかった。担任や学年の教員たちとも話し合い、体調と本人の希望とを大切にしながら保健室が対応することにした。

一ヶ月が過ぎ、赤血球数やヘモグロビン値は変わらないけれど、「行ける日には、頑張って登校しよう」と、内科医から助言を受けた。

「できれば授業に出たい」

とは桃子も言うのだけれど、教室まではなかなか行けなかった。でも、友人が迎えに来てくれると一時間だけ教室に滞在することができる、そんな日もあった。

自発的に桃子から話すことはほとんどなく、話しかけても口を開くまでに時間がかかった。担任が自宅へ電話したときは、学校での様子とはまるで違い、ハキハキ明るく応対していたと聞かされて、何が違うのだろうと妙な違和感と不思議さを養護教諭は感じた。

勉強に集中できるのは一日に三〇分ぐらいという。眼痛を訴えることもあったけれど、貧血のせいだから心配ないと医師から言われた。

吐き気がすると訴えたので、期末テストは保健室で受験させた。三時間目には三階の別室で受けた。保健室へ戻ってきて、

「三階へ登ったときは胸が苦しかったけれど、もう落ち着きました。吐き気もない」

と語るので、貧血症状だけではなくて心因的な部分もあるのかな、と養護教諭は感じるようになった。それより後のテストは保健室で受験した。

学期末までも休む日が多く、

「朝、起きようと思ってもからだが言うことをきかない」

と語っていた。

冬休みの間は、体調がよかったという。

年が明けて欠席日は少なくなったけれど、登校しても大半は保健室で過ごしていた。しかし、一日に一時間は別室や自分の教室で勉強することが可能になった。

保健室で養護教諭と二人だけの時間を過ごすことが増えたせいか、初めのころよりは自己表現もできるようになり、時には桃子の方から話しかけてくることもあった。

「家では、職場の不満や悩みを母親から聞かされるけれど、自分のことは母親にはあまり話しません。しんどくて休もうかと思っても、母親が怖いので登校した。母は頬を叩いて起こそうとするんです」

など、家庭の陰の部分を思わせるような話題について、笑顔を見せながら話していた。

このころであったか、たまたま保健室に置いてあった三年生が描いた漫画作品を、声を上げて笑って読んでいた。桃子の笑い声を養護教諭が聞いたのは、このときが初めてである。

「小学校のころから、緊張することが多く、保健室にいても他の子がどやどや入ってくると、ドキドキします。でも、もう慣れました」

と語った。

二年生になった。

教室は一階になった。朝は、母親が出勤前に車で送ってきていた。倦怠感、頭痛などを訴えては保健室へやってくることが多かった。終日ベッドで横になっている日もあった。体調がよさそうと言って、午後に一～二時間、教室へ出かけることもあった。貧血はあるものの不登校の雰囲気もあり、あれこれ考えたけれど、桃子から「帰りたい」と言い出すまでは在室させてみよう、と養護教諭は考えていた。

六月には、二年生全員が五日間の体験学習に出かける年間行事がある。桃子は製麺工場へ行くことになった。工場長と事前面談して事情を充分連絡し、配慮を依頼してはいたけれど、どれくらい持つのか気がかりだった。しかし養護教諭の予想に反して、桃子は五日間すべて参加してきた。

これに気をよくしたのかどうか、翌週には徒歩で登校してきた。しかし学校に到着すると疲れたと言って保健室へ直行し、ベッドを利用する日がまた増えた。

かばんの重さが負担になっているようにも見えたので、養護教諭はかばんだけ母親に車で運んでもらってはと提案した。桃子はそのように頼んだけれど、母親は、

「みんな同じ重さだけど、頑張って持って行っているのだから、桃子も頑張りなさい」

と語るのみだった。母親はわが子の病気を理解していないのか、とも考えたけれど、不要なものは保健室のロッカーに預かって、重さの軽減を図ってやった。

二学期の初め、血液検査の数値は正常域になった。桃子自身も体の調子は以前よりもよくなったと語るけれど、一日の大半を保健室で過ごしていた。体育祭には参加した。

学期も後半に入り、授業に出る時間は増えてきたものの、学校生活の基本は保健室暮らしのままであった。

そのようなある日、養護教諭と二人きりのとき、母親の話題が出た機会を捉え、「桃子、本当は、つらい、ってお母さんに言いたかったし、わかってもらいたかったんだよねえ」と語りかけると、桃子はしくしくと泣き出した。感情を表出することのあまりない子で、桃子の涙を見たのはこれが初めてであった。

「お母さんに心配かけたくなかったし、言うと怒られると思って、ずっと言いにくかったんです。毎日普通に授業を受けているとお母さんは思っているから、言い出せなかった。誰にも言えず、気持ちを自分の中にずっと溜め込んでいて、そんな自分がいやになりました。誰にも素直になれなくて、つらかった」

と、ぽつりぽつり語った。

三学期は、一日に一～二時間授業に参加したり、別室で学習したりして過ごした。放課後の補充学習には進んで参加していた。

学年会では桃子の体調や心情の揺れを小まめに報告して、教員たちの納得を得ていた。

三年生になった。

相変わらず、学校では緊張すると語っていた。

五月末、膝の痛みを訴えたので、冷やしながら様子を見て、整形外科を受診させた。手術の必要があるということで、入院の予約を行い、夏休みに入ってすぐに手術を受けた。三週間の入院中、母親はパートの仕事を休んで桃子に付き添った。下肢をギプスで固定されて動けないので、排泄の世話など何かと母親に世話してもらったようだ。

入院中、養護教諭は二度ばかり病院へ見舞いに行った。桃子と母親との雰囲気がこれまでになく円やかになっていることに、いささか驚いた。桃子も母親もにこやかな表情で、あれこれと家庭内のことなどをお喋りしてくれた。

二学期は元気に登校してきた。術後の経過もよさそうだった。保健室へやってきての第一声は、「いろいろと、お母さんに言えるようになりました」であった。

我慢強くてがんばり過ぎるところもある子なので、時どき息抜きしたほうがいいのじゃない？と養護教諭が声掛けすることもあった。

学校生活の大半を教室で過ごすことができるようになり、学業の遅れも取り戻していった。保健室へはほぼ毎日顔を出すけれど、昼休みに仲のいい子と連れ立ってやってきて、保健室の雰囲気を愉しんでいるようにも見えた。

三年生後半の頑張りで地元の公立高校へ合格し、卒業していった。

高校では養護教諭が顧問を勤める『見守り隊』というクラブに入ったことが高校の保健室から伝えられた。内陸部の高校で、平成の大合併によって広大な面積を持つ市となり、限界集落がいくつもある。そこへ訪問して老人から昔の暮らしの知恵を聞かせてもらい、結果として孤独な老人を慰める、そんな活動のようであった。

一年が過ぎたころ、このクラブ活動が全国紙地域版に写真入りで紹介された。はじけるような明るい笑顔で桃子が映っており、養護教諭は、

「えっ、これ桃子？」

と思わず見直したほどの変身ぶりであった。記事を読んだ、写真ではとても元気そうで安心した、と手紙を送った。折り返し返事が送られてきた。高校生活が愉しくて充実していることが語られ、

「先生もいろんなことがあって大変でしょうけれど、頑張ってください」

と締められていた。

ベッドで終日過ごすようなことも少なくなかったけれど、この子なりに私の仕事ぶりを観察していたのだ、と、養護教諭はいささかウルルンとなった。

考察

桃子のお母さんは、この人なりに懸命に生きてきた頑張り屋だったのでしょう。そのため、桃子は母親につらいと打ち明けることができず、母親も娘の怠け心と捉えて頬をパチパチと叩いて起こそうとしたのかも知れません。かばんの重さについてのエピソードも同様。

反面、仕事を持って多忙な生活の中で、娘の貧血を治そうと、医師の指示に従って食生活も工夫していました。

だけど、娘との間にはどこかで、こころのボタンを掛け違えていたのか、貧「血」ならぬ貧「愛情感」を桃子は抱いてきたようです。

整形外科へ入院している間、下の世話からすべてを母親に委ねる生活を桃子は体験しました。大満足だったのでしょう。一五年の人生で始めての経験だったのかも知れません。同時に母親も、思春期真っ只中の娘としっかり見詰め合う時間を与えられたわけです。お母さんは三週間、いい母親体験を味わえたのでしょう。

この三週間が母娘両者にとって濃厚な意義ある時間となるためには、それまで続けられてきた養護教諭の揺るぎない支えの意思がありました。きょうだい三人の真ん中で、相対的には親から目をかけられることの少ない立場にあった桃子は、「あるもの」をここで一挙に取り戻すことができたのでしょう。

保健室が多忙で、養護教諭のこころにゆとりが乏しかったとすれば、血液検査値が正常化してしまえば、ふつうの不登校の女の子という見方になるかも知れません。

ところが、何かそれだけではない、と、この養護教諭の嗅覚が働きました。診療していた内科医も、その辺りを感じていたのかも知れません。検査値が変わらないのに、治療途中から登校を勧めるようになったのですから。

桃子に占領されていた保健室の機能は、どうなっていたか。生徒が相談にやってくると、養護教諭は、

「いま、寝ている子がいるけど、いい？」と尋ねていたそうです。首が縦に振られれば、そのまま保健室で話を聞きました。擦り傷の手当てとかバンドエイドを貼るだけの子もいるわけです。

来談者が首を傾げると、「使用中」の札をドアにさげ、職員室へ事情を連絡した上で、隣の相談室へ連れていったそうです。ちょっとした工夫で急場をしのぐことはできます。

保健室多用について、「甘やかしている」という批判も出そうな事例です。それについては、学年会で桃子の現状をしばしば報告し話し合ってもらうことで、同僚の誤解を回避できました。保健室の現状、気になる子の経過を報告し続けることも、養護教諭にとって大切な仕事ですね。

こころの貧血は、鉄剤の内服では治らないことを、桃子は教えてくれました。

後日談。数年後に筆者は、桃子の事例を提供してくれた養護教諭と偶然出会う機会がありました。元気に高校三年間を過ごし、中学三年のころに語っていた希望する領域の専門学校へ進学した由。

こころの貧血が、お母さんからの「輸血」によって三週間で治癒した事例でした。

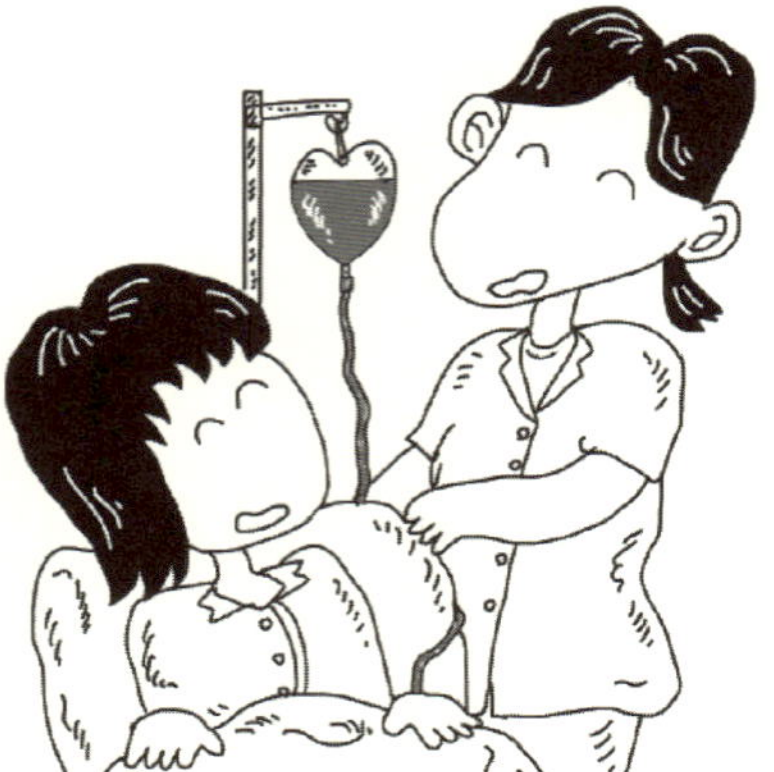

2節 子どもは家族の一員
——家族関係を読み込むことの大切さ

早百合の場合

肥満度はマイナス一五パーセント、お人形さん風の美形の小学生。

二年生になって保健室利用が急に増えたことで、養護教諭の視野に入り始めた子である。自宅で飼育していた金魚を握って死なせてしまい、目玉をくりぬいた、土手でみみずを掘り出して引きちぎってしまうなど、女の子には珍しく乱暴な行為がこのころ繰り返されていたようである。

一時間近く奇声を発し続けてから退行状態に入ることを心配した母親は、総合病院小児科へ連れて行き、薬物治療と、同科の臨床心理士によるカウンセリングを受けさせている。

三年生になると、気分不良を理由に保健室を利用することがあったものの、前年よりはかなり回数が減っていた。

四年生になっても、保健室利用は増えなかったけれど過換気発作で担ぎ込まれることが続き、二学期中は小児科へ入院して院内学級で学習していた。三学期初めに原級復帰、以後は安定を保っていた。

五年生時は、苦手科目のテストは休ませるなど、負担を避けるように担任が配慮していたせいか、欠席も保健室利用も少ないままに一年が過ぎた。

保健室が早百合へ積極的に関わらざるを得なくなったのは、六年生になってからである。

連休明け、しばらく見られなかった過換気発作を起こした。発作はビニール袋で程なく治まったけれど、もともと問題の多い子どもなので、念のため祖母に迎えに来てもらって帰宅させた。一週間後の修学旅行には参加して、楽しい旅を味わってきた。

その後、発作的に下肢麻痺が起こり、車椅子で校内を移動することが増えてきた。退行して膝でいざりながら廊下を移動し、

「赤ちゃん、赤ちゃん」

と小声でつぶやくこともあった。保健室で様子眺めしてから車で自宅へ送ったところ、午後になると走って再登校してきてクラブ活動に参加するという日もあった。

養護教諭は転換性障害に関する資料をコピーして、担任、学年主任、学級支援員に配布した。

一学期末に欠席した日、母親から担任に電話がかかってきた。車椅子姿が四年生の妹の目に留まり、それを聞いて母親は驚いたようである。口調から、「早百合のことを学校は何でも伝えてくれるはずだったのに」と不信感を抱いている印象を受けた。この電話では、「これ以上、学校へ迷惑をかけられないから休ませた」と語られた。

数日後、早百合をどう支えてやればいいか、カウンセリングを受けている病院の臨床心理士と相談したいと母親に連絡したときも、「先生方にそこまで迷惑をかけることはできない」と、断られた。

母親は、臨床心理士から「早百合の症状を同級生に見せるのはよくない。うつる可能性もある」（感応性について臨床心理士は説明したのであろうか）と聞かされ、泣き出すこともあったようだ。

二学期が始まってほどなく、過換気発作を起こして意識水準が低下したとき、祖母を呼んで保健室のベッドに付き添わせた。祖母が携帯電話で母親に連絡を取ろうとすると、

「お母さんには会いたくない、お母さんいらない」

と息も絶え絶えで早百合は祖母に訴えた。ところが、半時間後に母親が迎えにくると、小百合は安心した様子で微笑んでいた。そのまま病院へ直行して入院となった。諸検査で異常は見出されず、三日で退院となった。

ここで養護教諭は、早百合が母親へ両価的な感情を抱いているのではないか、家庭内ではどのような暮らしぶりなのか気がかりとなり、担任、学級支援員に呼びかけ、早百合を卒業までどう対応してやればよいか検討する集いを開き、五年生時の担任にも参加してもらった。その席で、早百合の家庭に関する情報が整理された。

六〇代に入ったところの祖母は四一歳で夫が病死、以来、現在三〇代後半に入っている母親を女手一つで育ててきた。母親は会社員事務職として家計を支えている。父（早百合の祖父）の死は母親が高校一年生のときで、二三歳で見合い結婚、二年後に早百合を、二年空けて次女を出産。早百合が七歳のときに三〇歳で離婚した。夫（早百合の父）は独身のまま同じ町に居住し、子どもたちとは時折会っているようだ。「祖母、母親ともに、気遣いし過ぎるところがある」と、関わりを持っ

た学校職員が揃って指摘している。

六年生になってほどなくであったか、保健室のベッドで横になり、養護教諭が話し相手になっていた折、

「お父さんとお母さんの喧嘩を、私は寝たふりして聞いていた。お母さんの味方になってあげようとしていたのに、お母さんは私のことを少しもわかってくれなかった」

と、ポツリと語ったことがある。思春期に近づいてきたせいか、早百合が父親に拒否的になってきているようだとも母親から聞いていた養護教諭は、誰がどこまで本心を語っているのか理解しかねていた。

考察

複数の医療機関を巡ったので、〈自律神経失調症、ヒステリー、過換気症候群〉など、さまざまな病名が早百合にはつけられてきました。

多彩な症状はそれとして診断と治療は医療機関に任せ、学校はどのように連係を保っていくのかをしっかり考えねばなりません。校内の様子を振り返りますと、六年生の夏までは、教職員らが早百合に振り回されていた印象があります。苦手科目のテストを外してやるなど、膏薬を塗ったり絆創膏を張ったり、その場しのぎを続けていたようにも見えます。

「一日のうち、いつ登校してもいい。帰宅してもいいし、その気になれば、再登校してきてもい

い」という支援の項目もあったようで、いっときは、何でもOKという状態が早百合に提供されていたようです。

小学生に対してこのような処方箋はいかがなものでしょう。転換性障害とか小児期境界パーソナリティ障害などの子どもが在籍して、行動化が多発しますと、ついつい目先の対応に走ってしまいます。「事故」防止を考え過ぎた結果、周囲の大人が振り回されてしまうという事態です。

この養護教諭は夏休み中、早百合に何をしてやればいいものか、あれこれ思案していました。そして、祖母や母親に会う機会が何度かあったため家族のことを何となく分かったつもりでいたけれど、早百合の家族ってどんな暮らしをしているのか、よく理解できていないことに思い至りました。さすが、怜悧な中堅養護教諭。早速、関係者に集まってもらい家庭を点検整理することにしました。

運転できないおばあちゃんは、学校から電話がある度にタクシーで駆けつけて来ておられたことにも、やっと思い至りました。四〇過ぎて寡婦になり、どんな仕事で生計を立て、どのような思いで一人娘（母親）を育ててきたのだろうとも話題になりました。会議室ではなく、放課後の保健室でお茶を飲みながらの話し合いだったので、そこまで連想が膨らんだのかも知れません。

離婚には百人百様の事情がありましょう。だけど、三〇歳という若さで二人の娘とともに経済的にも心理的にも自立を強いられた若い女性、実母との同居とはいえ、どのような気持ちで女盛りを送っておられるのでしょう。気配りは達者だけれど、たくましく世を渡っていくタイプには見えません。困ったときには、お母さんは一体、誰に相談しているのだろう、おばあちゃんなのかとも気になります。

早百合に似て美形の女性、服飾センスもなかなかいい魅力的な人、涙ながらに

「早百合が学校に迷惑をかけて申し訳ありません」

と語る母親の心中はどのように揺らいでいるのか。気配りし過ぎるのは、親譲りだけのものか、それとも母親の切なさが漏れ出たものか。女性ばかり四人家族の食卓で、どのような話題が出るのだろう。あれこれと、気がかりなことが並べられました。

この日の話し合いでは、早百合のこれからについて母親としっかり話し合う必要がある、心を許してくれるようになれば、母親の支え役になっていける人物も必要になるという結論となりました。担任は学年主任も勤めていて多忙ではありますけれど、優しさと厳しさを兼ね備えた経験豊かな女性。立場、人柄からも、こういった相談の相手にはこの人がうってつけということになり、卒業までの半年が始まりました。

家族、ということを少し考えてみましょう。

養護教諭の仕事相手である子どもはすべて、家族の一員です。家族のありようを無視して仕事を進めることはできません。

乳児院で育った天涯孤独の子どもにだって、親はいます。児童養護施設に移って、お正月には多

くの子どもが親（や里親）の家に外泊するのに、自分だけ残るのはなぜだろう、面会がないのはなぜ、と次第に疑問が膨らみます。

そのような究極事例は、さておくとして。早百合の場合のように行動化に振り回されるときには、子どもの問題を相対化する、あるいは客観視してみるためにも、家族の中でのこの子、という見方へとカメラをぐっと引いて全体像を眺める作業が必要になります。そうすると、家族はどうなっているのかな、と気がかりになってきます。

とは言っても昔と違い、子どもの育ちを支える上では極めて厄介な個人情報保護法という法律がまかり通り、家族に関する情報を学校はほとんど持っていません。法律に従うだけでいいのか、何らかの方法で《家族という物語》を読み込む努力を行うか、養護教諭の資質がここでも問われます。担任が早百合の母親と話し合う努力を始めたように、目下支援すべき問題を抱えているあの子のご家族と話し合いを進める。こうして家族の実像を描き出していくことは、法律に抵触することなく可能です。

ただし、そのご家族の誰に接近するか、学校側は誰が担当するか、これには細心の注意が求められます。祖母がこの家族の中心人物だといった問題解決指向型の選択ではなく、家族の中で誰が一番心を開いてくれそうか、まずはそこに視点を向けることが必要です。

学校側の担当者、これも、立場、年齢、性別、個性・人柄などなども充分考慮し、周囲がその人を支える決意が必要です。

こうして定まった二人での話し合い、終始子どもを中心に話を進めることが肝要。家庭調査をされている、などと相手に感じさせたのでは最低です。

家庭における子どもの日常的な暮らしぶり、食卓の雰囲気、相手が母親なら、「お母さんが六年生のときには、母親をどのように眺めておられたのでしょう」などと、子どもの話題から家族史へと話題が広がっていく（こちらが拡げていく、のではない）ことに心を配りましょう。

このような作業がうまく展開すれば必ず、今までよりもっと立体的にその子が見えてきます。問題行動についても、「なるほどなあ」と、納得できるような感想を抱くようになることもあります。

3節

決断と覚悟
――表の顔と隠れた表情を同時に読む

洋の場合

洋は小学生のころからとても几帳面で、母親が渡した洗濯物をきれいに畳んで衣裳棚へ片付けるようなしっかりした子だった、という。

高校二年生二学期までは、体調を崩した生徒を保健室へ連れてくることが時々あった程度で、自身の不調を理由に保健室を利用することはなかった。成績は学年でも上位であり、礼儀正しい生徒であった。クラスの誰とも喧嘩することなく付き合っていた。

二年生二学期の終わりに校内サッカー大会で洋は骨折した。ギプスが外れるまで、体育の授業時を保健室で過ごすことになった。それがきっかけになったのか、休み時間などによく保健室へやってくるようになった。何となく息抜きにやってくる、といった風であった。真面目な優等生という印象を養護教諭は抱いて接していた。

趣味は料理だと語り、なかなか凝ったレシピを養護教諭に伝授してくれたりもしていた。手先が器用、大工仕事も好きで、庭の造作をあれこれしつらえているという。演劇部に参加するかたわら、トランペットやベースなど数種の楽器を上手にこなす多才な生徒でもあった。

三年生の夏休み前に行われる文化祭で、バンド演奏をして地雷被害を蒙った外国の子どもたちに募金しようと洋は思い立った。一年生のとき、三年生がチャリティ・コンサートをしたのを見て、これはかっこいい、三年生になったら自分もぜひやってみたい、と思い続けていたという。たちまち数人の同級生が賛同し、練習に励んでいた。細かく記入した企画書を作成して提出し、文化祭担当教員の同意も得ていた。

文化祭まであと五日という日、バンド・メンバー全員が生徒指導主事に呼び出され、チャリティ・コンサートを許可しないと言い渡された。提出しておいた企画書を生徒指導主事は読んでおらず、ボランティア部員でもない洋が募金活動なんかするのはおかしいなど、禁止理由をあれこれ一方的に列挙して「先生が挑んできた」（洋のことば）という。

バンドのメンバーはその足で保健室へ揃ってやってきて、興奮した口調で生徒指導主事の理不尽さを並べ立てた。禁止理由は、養護教諭が聞いていても筋の通っていないものだった。

翌日から、吐き気・微熱などを訴えて洋は連日保健室へやってくるようになり、毎日のように『コンサートへの弾圧』について不満を並べ立てていた。洋以外のバンド・メンバーは体調を崩すこともなく、文化祭では他のライブ・グループに参加して愉しんでいた。

夏休み中、洋はあちこちの医療機関を巡っていたようで、体調はすっきりしなかったようだ。

二学期が始まった。テストがあるのに集中できない、学校をやめたい、通信制高校へ移りたい、などと訴えていた。

養護教諭の計らいで、生徒指導主事と洋がゆっくり話し合う機会を設定した。誤解を解こうとして教師はあれこれ説明を試みたけれど、洋は「そんなことでなくて」「だからさあ」と声を荒げ、攻撃口調で喋り続けていた。これまでとはまったく異なる洋の姿に触れて、同席者は驚いた。

このころ養護教諭は、偶然にも演劇部の顧問から洋の思いがけない一面を聞かされた。県民文化祭へ参加する直前に退部を申し出、勉強したいからというだけで明確な理由を語らなかった。当然、代役を立てて特訓するなど、部員は大あわてだった。自分の置かれた状況の変化にとても弱い青年と見える、自分が正しいと一旦言い始めると決して主張を変更しようとしない頑なさがある、などなど。

二学期は、教室と保健室を行ったり来たりで過ごしていた。保健室では教科書を開いてはいるものの、学習に力が入っているようには見えなかった。やがて試験の時期がやってきた。

期末試験の初日は登校してこなかった。洋をどう扱うか学年会議ではあれこれ議論された。電話で登校を促すのも心配だ、試験をまったく受けないと成績を算定できないので困る、生徒が全員下校してから別室受験を準備しよう、などと検討された。一応追試験を受けて、低水準ながら成績を査定できた。

手続きを進めるために病院から診断書をもらってこさせたところ、『抑うつ状態』と書かれていた。家庭医学書を読み、洋もこの診断には納得していた。期末試験が過ぎた後は教室で過ごすことが多くなるとともに、進路への不安は強くなっていった。理数系が得意だったので一学期の洋は公立大学の工学部を希望していた。しかし二学期以降の成績と学力では合格する見込みはなく、情報技術関係の専門学校にしようかなどと心は揺れていた。

かつての洋の成績であれば、希望校への推薦枠は確保できたけれど、現状ではいかんともし難く、出席日数だけから見ても、推薦の校内選考すら難しい状況であった。しかし学年会議の判断により校内選考は通すことにした。

年が明け、入試直前となった。推薦を受けることができると決まってからの洋は、計画的に自習を始めていた。

ところが、クリスマスのころに安定剤を三〇錠まとめて服用したことを養護教諭に打ち明けた。死のうと思ったわけではなく、不安が強かったのでついつい沢山服んでしまったと弁明するものの、養護教諭はこのまま見守っていていいものかと心配し、悩んだ。洋の方は「面接の場で欠席が多いことを聞かれたらどう答えようか」と悩んでいた。

入試を一週間後に控え、些細なことで考え込み、死のうとさえ考えてしまったと養護教諭に訴えた。親に、担任に、管理職に、通知すべきかどうか、彼女は寝つけぬほどに悩んだ。

しかし、これまでの洋との交流、彼から寄せられている信頼感を考え、ここは生徒への守秘義務を優先させるべきだと判断した。「うつ病の人は、良くなってきだしたころに自殺を考えやすい、自分を、毎日を、大切にしなければ」と、思い切って説明した。洋はうなずきながら話を聞いていた。

推薦入試は、予想された通り不合格となった。意外にも洋は動揺することもなく、今からでも受験できる専門学校を探すと語っていた。卒業認定会議では洋への保護的な配慮は保ちつつも、欠席の多さをどう処理するかで紛糾し、結局は『抑うつ状態』という診断書を理由として病気欠席が承認され、なんとか卒業となった。

二月に入ると、これまで希望してきた進路ではなく、自分が精神的に落ち込んだこの半年に沢山の人から支えられたと回想し、理系から一転して福祉系を受験すると決心した。月末にはある大学の福祉系学部を受験して合格通知を受け取った。

考察

事例の前半を読むだけで終われば、理不尽な生徒指導主事の態度に抗議した高校生が不登校を始めた、古いことばを用いるならば『登校拒否』の事例とも読めましょう。

しかしその後から、洋個人のさまざまな精神病理が見え始めます。学校精神保健の現場では、表面的な出来事やうわべの理屈だけで児童・生徒を理解しようとしてはならぬ、と警告してくれているかのようです。

洋の問題は何であったのか。半年余りの付き合いしかなかったため、定かには見えてきません。しかし、最初の優等生的風貌は本来の姿ではなかったと理解されます。敵を作ることなく誰とでも付き合える社交性は、小心者の自衛策だったとも想像されます。学業成績の水準も、仲間が大学受験に向けてラストスパートをかけ始めるころにリタイアしたので、洋は数字で競わなくて済んだのかも知れません。

強迫性を持ち、当初に感じたのとは異なり、協調性にも難点を持つ青年であったと推量されます。事例検討会の席では、安定剤を三〇錠もまとめのみしたとき、「死のうと考えていた」と告白したとき、養護教諭が上司にも親へも伝えなかったことの妥当性について、議論が伯仲しました。

これは、確かに難しい論点です。子どものいのちを安全に保障するため親にだけは伝えるべきだという考えもあります。校内での地位がしっかりしているとは言えない養護教諭という職能を保全するために、責任者へは通報しておくべきだ、そういう主張も成立するでしょう。

一方、高校三年生ともなれば、いっぱしの大人、あるいは半成人。だから、彼らの人格を尊重すべき、尊厳性を大切にしなければならない、という主張も成立するのではないでしょうか。加えて、大切なことを養護教諭にのみ告白した、という信頼関係のありようにも注目したいものです。どの判断が正しいというものではありません。小学校六年生と高校一年生とではまるで異なって見えてくる、心理発達に伴って変化する問題でもあります。

初対面の養護教諭から提示された事例であれば、私もそのところを指摘して慎重さを求めたかも知れません。しかし幸い、この事例を提供してくれた養護教諭とは、数年前にも事例を共に学び合ったことがあり、若いながらも優れた状況鑑識眼を持ち、適切な行動を取る力量のある人であると知っていたので、この日も彼女の決断に賛意を表した次第です。

いま、ここで、この子は私に向かって何を伝えようとしているのか、それを命がけで読み取る努力を行い、どう行動するか決断を下すことが求められます。

それは、賭けではありません。もし、判断が間違って不幸な結果となれば、私は職を辞して責任を取る、そのような覚悟に裏打ちされた決断でありたいものです。保健室では、稀にではあるけれど、このような分利点が生じます。

自死念慮の告白だから、こっそり耳打ちされたことが非行事例だから、管理職へ報告すべきだというのは、あまりにも短絡的で事務的な処理法でしょう。この子はなぜ、そのことを、私にだけ、告げてきたのか、そのメッセージ性、信頼の絆を評定することが養護教諭の仕事です。

終わりよければすべてよし、というところがあります。親や校長に通報していたら、洋は自死の恐れがある生徒にされ、要注意人物にされていたでしょう。彼の秘密を守ってやったことは、それなりに納得できる結末となりました。

だけど、いつもそうまくいくとは限りません。養護教諭は、社会人としての存在と職業的地位を賭けた覚悟を求められ、それに従って決断することが、時として必要になります。そのような職業人・組織人として当然のことができなくて、新聞やテレビの餌食になる大企業の経営者も結構いる時代ですけれど。

ここぞ、というところで『腹をくくる』能力は、上質の養護教諭を目指す人にとって大切な資質であると私は考えています。

4節 過敏さの背後に秘められた力
――中学生のポテンシャル

太一の場合

太一が始めて養護教諭の眼に止まったのは、中学校入学式の前、二月下旬に行われた入学説明会の日であった。開始時刻よりも大分遅れて、母子はやってきた。金髪で、かなり派手な衣装をしまりなく身にまとった母親の背後に、おどおどして身の置き場がないような風情でついてきた小柄な男の子が気になった。小学校の担任が終始付き添っており、一学年四〇人弱の学校では目に付く存在であった。

翌月、校区内小中学校の養護教諭連絡会があった。その席で、太一が小学校低学年で遠隔地から転居してきた、卒業までほとんど登校せず、二歳年下の妹と自宅に閉居して過ごす日常であった、飲食店で働く母親と三人暮らしである、この地方には身内がいないようだ、などと伝えられた。卒業前数ヶ月は、週に一回程度学校へやってきて、担任とゲームをするようにはなっていたという。

痩身で小柄な男の子。ほとんど外へ出ていなかったせいか、色白である。入学式には、一応参列。しかし翌日からは教室に入ることができなくて、教室や職員室の前をうろうろしていた。人の気配があると、すばやく物陰に身を隠していた。そんな姿を眼にした養護教諭が小声で呼びかけたところ、素直に保健室へ入ってきた。

話しかけてみても固まったままだったり、軽く首を振る程度の応答しかしなかった。緊張がとても高い生徒と見えたので、ソファに座らせて養護教諭は事務的な仕事をしていたけれど、おとなしくじっと座っていた。

誰かが保健室に入ってくると途端に怯え、衝立の陰に隠れようとする。

職員会議で話し合って、保健室に隣接する相談室を太一の居場所とすることにした。養護教諭・担任・教頭などが折を見て太一に声掛けしたり、課題プリントの相手をしてやったりすることで日々が過ぎていった。

母親は夜の仕事で、帰宅は午前三時という生活を送りながらも、子どもたちに朝食を摂らせ、太一を定刻に学校へ送ってきていた。そんなことで、一学期の間は一時間目の内に学校へやってきていた。始業前に校門を入ることは、人目を避けたがる太一にとって厳しい課題のようで、授業が始まった少し後に保健室へやってきて挨拶し、それから相談室へ移動していた。

服装はいつも小ざっぱりしており、運動会の日などには手作りのきれいな弁当を持ってきていたので、厳しい勤労条件ながらも母親は親の役目にも力を入れているなと感じられた。

別室登校の生徒が数人いるので、太一の学校での居場所は日によって変更となることも少なくなかった。その中から三人、太一にとって友だちと呼べる生徒ができた。ほどほどの距離をとって時々一緒に遊ぶといった風で、時にトラブルが生じることもあった。

数学と社会科にはかなり関心を向け、集中力を保っているときは、しっかりとした字を書いていた。小学校六年間、ほとんど授業を受けていなかったにしては、漢字も少しは書ける。休むこともほとんどなく、それなりに落ち着いた一学期が過ぎた。

『死』ということばを時々書くので、養護教諭が『んではいけません』と書き足すと、それを線で消して『にたいです』と書き換えるなど、遊び風の交流を愉しんでいることもあった。このように言葉を介して交流できる相手は限定されていた。しかし、後方に座ってうつむいたままで過ごすのみではあるけれど、催事にも少しずつ参加できるようになり始めた。

何を尋ねてもまったく答えないことに腹を立てた体育教師から少し強く叱られ、泣いたことがある。翌日、給食を一緒に食べながら養護教諭がそのことを話題にすると、

「あんなにひどく叱られたことは初めて」

と語り、太一は意外と嬉しそうな表情であった。

夏休み期間に行われた補習のための全校登校日には、忘れることなく四回ともすべて登校し、養護教諭と一緒に相談室でプリント学習して過ごした。

二学期になった。

夏休み期間中に生活のけじめがゆるんでしまったのか、二学期は連日遅刻してくるようになり、給食直前にやってくる日もあった。尋ねると、朝はなかなか起きられないと言い、夜更かしの癖がついたようであったけれど、休暇中の生活を具体的に尋ねることは避けた。

一学期はあれほど頑張ってきたのだから生活のリズムは取り戻そうよ、と養護教諭は提案し、太一も納得した。そこでまず、一一時には登校する約束を合意し、保健室にシール評価表を貼って少しずつ時間を早めていき、一ヶ月でほぼ毎日一時間目から登校できるようになった。

養護教諭は、太一の学力保証について担任と話し合った。一学期の間は、小学校二年生水準からの復習を保健室で少しずつ行っていた。太一の能力水準は低くないと読んだ養護教諭が、次の段階に進めさせてやりたいと意気込んだわけである。

そのことを担任は職員会議に議題として提出した。このような議題を出せるというのは、小規模校のよいところである。話し合われた結果、空き時間教員が交代で相談室へ赴いて、小学校から取り寄せたプリントを用いた復習を始めることになった。教科によって関心のムラはあったものの、太一はこのような学校生活を嫌がる風ではなかった。

二学期半ばから、国語・数学・社会科など興味がある科目については、教室で授業を受けることもできるようになり始めた。しかし同級生と交わることはなく、チャイムが鳴ると即刻、保健室か相談室へとんぼ返りしてきた。

三月には卒業生を送る会や終業式にも参加できた。引っ込み思案は続いているものの、薄皮をはぐ程度に少しずつ集団の中に身を置くことが増えてきた。春休みに入ってから養護教諭が回想してこの一三ヶ月で太一の一番育った部分は、『自分が困っていることを自分から養護教諭に告げる』ことが可能になったところだった。

六年間のブランクは大きく、同級生まで追いつくにはいま少し時間を必要とするであろうけれど、六年生水準は視野に入り始めてきたと担任も養護教諭も感じ始めた。養護教諭の発案に全教員が協力してくれ、太一も学習における達成感を少しずつ味わうことができるようになってきたことの意味は大きいと思われた。身長も一〇センチ余り伸び、体つきもしっかりしてきた。

二年生になった。

四月に入ったある日の放課後、自宅にこもっていた妹を連れて太一は小学校へ行った。六年生時の担任に妹を引き合わせ、月曜日と木曜日は自分が早く帰宅できる（実は、この曜日の午後は太一にとっては興味のない授業だった）ので、妹を連れてくる、と語った。

妹にとってこの日は二年ぶりの登校であったので、いささか戸惑い気味の表情ではあったけれど、抵抗感はなさそうだったという。卒業前に少しゲームの相手をしてもらっただけの担任に、「中学校ではわがままを言って迷惑をかけている。今年はがんばろうと思っている」と語った。卒業してからの一年間で太一が大きく成長したことに元担任は感動したという。

考察

小学校の間、太一は学校暮らしをほとんど経験してこなかったと言ってもいい生活でした。学校という集団生活を経験することなく中学校へ入学してきた少年、と表現しても差し支えないでしょう。

そのような太一少年がどうして、一年間で妹の面倒まで見るほどに変貌を遂げることができたのでしょうか。教室での学習はほとんど経験していなかったけれど、かなりの能力を潜在的に持っていた子が、学習の機会に出会ったということもあります。

子どもたちに夕飯を食べさせてから出勤して、午前三時過ぎに帰宅しても、朝食を摂らせて定刻に登校させてきた母親の苦労も偲ばれます。なかなかできることではありません。事情はわからぬものの、遠方から転居してきて二人の子どもを育てるとなれば、夜の仕事に就いているのも責めることはできません。年齢が近いこともあって母親の相手はもっぱら担任が引き受け、養護教諭は後に要点を伝えてもらうだけでした。

子育ての時間配分から推量し、息子をそれなりに身ぎれいにさせ、丁寧な弁当も作る母親の苦労に目を留める必要があります。入学当初は、毎日子どもの登校に母親がついてきていました。二週間ほど経ったころ「もう、ついてくるな」と太一に厳しい口調で言われ（教頭がたまたま校門で耳にした）、付き添いは中止となりました。

この養護教諭、二〇代も終わりにさしかかって、学校社会というものの行間を少しずつ読めるようになってきた、溌剌として才気ある人でした。対人恐怖かとも思ってしまうほど人目を避ける太一を、この人はうまく掌に乗せていきました。

それにも増して注目したいのは、一年以上にわたって安定した密度の高い二者関係を養護教諭との間で太一が体験したことです。

これは彼の人生においておそらく、初めてのことだったのでしょう。学習、暮らしのあれこれ、昼食を共にするなど、この養護教諭は一貫して太一を支え続けました。学習意欲が高まるにつれて空き時間教員を活用したり、母親のことは担任に一任したり、気配り上手の教頭に要所々々で動いてもらったりしてきました。

養護教諭のまなざしは常時、継続的に太一へ注がれており、教室参加など活動場所が拡がっていっても、日に一度は必ず、保健室へ太一は顔を出していました。

体育教師に叱られたことを嬉しがったことから察しられるように、太一には男性的な存在の希薄な暮らしが続いてきたようです。二年生の春から、地元大学教育学部の男子学生がメンタル・フレンドとして週一回家庭教師として訪問することになりました。これも、思春期に入った太一にとってはとても好ましい配慮です。

これからどうなるか。それは誰にもわかりません。しかし、一二歳にしてようやく学校という社会生活を始めた子どもが、一年間でこれほどに変化したこと、そこに養護教諭関与の一貫性が維持されてきたことは、高く評価する必要があります。

過密・過疎化が一方的に進んでいる日本。でも、地方の小規模校も子どもの育ちにとっていい面もある、そういうことを忘れないようにしたいものです。

5節 リストカットを繰り返す高校生
――女の子が女性になっていく道筋

寛子の場合

小柄で細身の高校三年生。

入学してほどなくから、熱を出して保健室へ友達に連れてこられることがたびたびあった。同級生が強引に連れてきて、検温すると三八度五分あるにもかかわらず、

「がんばります」

と言って教室へ戻ろうとする生徒だった。

しかし二年生の初めころからは、体調不良を自分から訴えて保健室へやってきて早退することが増えてきた。体調のよくない三歳の異父弟がおり、家庭のことで悩みがあるらしい、と担任から連絡を受けていた。しかし、試験前になる度に体調を崩す傾向の見られることが気がかりだった。

この年の三学期、

「熱が下がらないので、数日入院させます」

と母親から電話があり、一〇日ばかり学校を休んだ。登校してきても、一時間目が終わると

「もう駄目です」

と保健室へやってきてベッドへ横になり、やがて早退していくことが繰り返された。珍しく、急ぎの仕事もない日があったので、ベッド脇に椅子を寄せて、話し込んだ。気がかりな生徒ではあったけれど、ゆっくり話を聞くことができたのは、この日が初めてである。

その後、何度か寛子と話し込んでいく中で、彼女の独り悶々と苦しんできた日々が見えてきた。

小学校四年生の夏休みに両親が離婚。寛子は母親と二人で県内の数十キロ離れた町へ転居、二学期から新しい学校へ通うことになった。友だちはできず、いじめにも遭い、小学校生活の後半は楽しい時代ではまるでなかったという。

中学校へ入学する年の春に、母は今の父と再婚して生まれ育った町へ戻り、元の同級生と一緒に中学生活を始めた。特殊技能を持つ義父は一年の大半が出張の生活ではあったけれど、暮らしは楽になった。しかし、短い在宅中はあれこれ言動の端々にまで文句をつけてくるし、晩酌しながらの愚痴を聞かされることは寛子にはとてもつらいことだった。食事もそこそこに、自分の部屋にこもるのが寛子の常であった。

三年生のとき、母は男児を出産した。母親の腹部が膨らんでくるにつれてその分、家の中で自分の居場所がだんだん狭まっていくように感じたという。

小学校時の同級生と再会し、少数ながら仲良しの友人もいるので、寛子の暮らしでは学校がこころの逃げ場となっていたようである。まじめに勉強して希望する公立高校の進学コースへ入った。中学生の間も体調はよくなかったけれど、一日も早くこの家から出たい、そのためにはいい高校へと願って頑張っていた。希望校へ進学できてホッと気が緩んだせいでもなかろうけれど、入学早々から学校で高熱を出すようになった。

義父は、息子が生まれて大喜びして可愛がったけれど、晩酌での愚痴は相変わらずだった。酔った義父から

「お前なんか、いなければよかった」

と言われ、自室へ逃げ込んで泣き明かしたこともある。そのようなときにも、母親が寛子を支えてくれることはなかった。それどころか、機嫌の悪いときには、

「あんたなんかいらない子」

と母親からも言われることがあり、左前腕部内側をカッターナイフで刻んでいた。

二年生三学期のある日、高熱を出したから入院させると母親から学校へ電話してきた。実は、発熱ではなくてリストカットによる大量出血のためと、後にわかった。

手首をたびたび傷付けることで心配を強めていた養護教諭は、そのときの事情をゆっくり尋ねてみた。意外と素直に、その日の経緯を寛子は語ってくれた。

頭痛があり体調がスッキリしないので、自ら担任に電話して学校を休むことにした。母親は仕事に出かけ、弟は保育所へ行き、自宅には寛子独りとなった。漫画を読んでもCDをかけてもこころが乗らず、不遇な毎日の生活、体調不良による成績低下など、うっとうしい話ばかりが頭の中をぐるぐる巡っていた。フト気がつくと、ナイフを握っていた。

この後は、語りの断片による養護教諭の推量だけれど、母親の帰宅時間を見計らって浴室で手首を切り、普段になく多量の出血があり、戻ってきた母親がうめき声を耳にして浴室を覗き、床が真っ赤になっているのを見て仰天、救急車を呼んで入院となったようだ。

三年生になった。発熱に過換気発作が加わった。早退や欠席が前学年よりも増えてきた。身体症状が出て保健室で休養させたときは、母親の職場へ電話して迎えに来てもらって帰宅させるのが常であった。しかしある日、寛子は

「もう電話をかけてくるな。歩いて帰りなさい」

と母親に言われ、以来、無理して徒歩で帰宅するようになった。あれこれ言われ、ひどい扱いを受けていることを問わず語りに聞かせはするけれど、一方では、

「仕事が忙しいし、お父さんが帰ってくると怒鳴られるし、お母さんもすれすれのところで頑張っているのよ」

と、母親の苦労を思いやる語りも聞かれた。

リストカットは止まらず、「死にたい」と時折り口にするようになった。自宅でぼんやりしていて、フト気がつくと左腕を乱切りしていることがある、ハッと我に帰ると机の上に安定剤が積み上げられていることがある、などの語りを聞かされ、養護教諭の心配は絶えなかった。いのちの尊さをさりげなく語ってもみたが、寛子のこころには入らないようであった。

体調不良について母親と電話で話し合ってみても、

「あの子は、勝手病なんです」

と言われ、協力は得られそうになかった。同級生から言われた何気ないことばを深刻に受け止めて

「私はこのクラスにはいらない人間なんだ」

と落ち込んだりもする。

一週間ばかり早退・欠席なしに頑張ると、二～三日休んだり、早退が増えるということを繰り返していた。中間試験は、保健室でなんとか全教科を受験できた。

保健室だけで支えていくことが息苦しくなってきたし、成績は思わしくなく進路を考え始めなければならない時期でもあったので、担任と話し合うことにした。自死願望については、養護教諭だから打ち明けてくれているのではないかという思いもあった。だけど、三月の入院騒ぎもあったことだし、事故防止を優先させてこの日の話題に含めた。

担任は、最近お互いに急接近している弓枝がやはり自死をほのめかす生徒なので、両者に負の相乗効果が生じるのではないか、と気をもんでいた。保健室の対応が過保護に過ぎるのではないか、学校で扱える限界をもう超えているのではないかなど、養護教諭にとっては厳しい発言を担任から沢山聞かされた。

たまたま立ち寄った学年主任が、途中から話し合いに加わった。あれこれ検討した結果、夏休み中も養護教諭が定期的に寛子と連絡を取り続け、担任と学年主任がそれを支えていくことになった。期末試験も保健室で受け、夏休みに入った。寛子を登校させたり、養護教諭が家庭訪問したりなど

して、健康管理と面談を継続した。

　夏休みが始まって程なく、寛子は安定剤をまとめのみして、数日間緊急入院した。そのとき、母親は、

「馬鹿なことをしてはいけない」

と寛子にメールを送った。ところが、母親の不注意でそれが出張中であった父親の携帯電話に送信されてしまい、寛子が危うい生活をこれまで続けてきたことを父親が知るところとなった。義父は「そのように厄介な娘とは知らなかった。面倒なことに巻き込まれるのは迷惑だから、別れたい」

と言い出し、ひと波乱あった。

　いろいろなことがあって慌しい夏休みではあったけれど、寛子と養護教諭との交流は深まった。幸せでない自分の暮らしを涙ながらに語り、母親の生きざまに同情すると同時に、母の生活態度や発想には鋭い批判も注ぐようになった。

　二学期が始まった。保健室と教室とを行き来しながらも、寛子の生活は少しずつ安定を取り戻し、欠席日数の増加もぎりぎりの線で危険域に陥らずに保たれている。自宅から早く離れて自立への歩みを進めるべく、技術と資格を入手できる専門学校への進学を具体的に検討し、それを実現させて卒業していった。

考察

「生きているのがいやになった」など、自死をめぐる話題を聞かされますと、養護教諭はどうしても身構えます。ことばだけではなく、リストカットなど実際の行動を示されると、なおさら心が揺らぎ、行動に迷いが生じます。

人の生涯にわたって、いのちほど大切なものはありません。その、あまりにも当然のことを否定することばに向き合わされれば、誰でも困惑し動揺して不思議ではありません。

高校に入学してからの寛子は、いのちを軽く見ているような言動がずっと続いています。入学してから三回も、車との接触事故を起こしています。交差点を曲がるとき、信号を渡るときなどに、不注意と見える軽はずみな自転車の発進で自動車と接触して転倒しています。三回も、です。自分のいのちは自ら護るものという気構えが乏しいとも見えます。生命というものに投げやりな構え・思いがあったと読むこともできましょう。

自死を巡る問題を前にしたとき、養護教諭はどのように付き合えばいいのか。

身を挺して自死行為を防止しなければならない場合もありましょう。軽やかな頻回リストカットもあります。演技的な自死企図もあります。私を助けて、というSOS信号としての自死企図だってあります。鑑別は容易ではありません。事例ごとに、真剣に判別することが対応した大人に求められる、そのようにしか表現できません。

寛子の事例を思い返しますと、自死という主題の背景に、もう一つ大きな問題が控えていたように思われます。家族を巡る話です。さまざまな家族形態が世間で認められる時代となり、一人親家族も随分多くなりました。それはそれで、気がかりな問題ではありません。

寛子の場合は、それ以上に、母親の再婚を見逃すことができません。

中学一年で寛子は初経を迎え、相前後して母親が再婚しました。この年頃に、突然現れた他人の男を父と呼ばされるのも、子どもには大いに困惑する生活変化です。

しかし、女の子が女性に変化する、さなぎから蝶へとまさに変身しようとするとき、三〇代後半の母親が義父に対して生身の女を演じたこと、変身しつつある娘はどのような眼差しでそれを見ていたのでしょうか。追い討ちをかけるように、中学三年生という女性として開花する時節に、母親は異父弟を出産しました。

母親の人生として、あるいは生理学的に、不自然でない出来事ではあります。だけど、女性へ成熟する間際の女の子にとって正・反の両面で教師あるいはモデルになる母親から、このように変化をまざまざと見つめさせられるのは、厳しい試練であったと推量されます。

そのところをはっきりと観察しながら、この子を導くことが養護教諭には求められます。見てきたように、寛子の母親は危うさの少なくない女性ではあります。しかし、それを非難しても得るところはないでしょう。寛子は、母親の現実をしかと見据え、それを乗り越えていかねばなりません。

こういうことに付き合ってやるには、男性の担任ではなくて、女性の養護教諭の出番が求められます。

6節 「押したり引いたり」に支えられて育った女の子
――遺児が果たした喪の仕事

芳枝の場合

農村部の里山に近い家で芳枝は生まれ、育った。

農業を営んでいるまだまだ元気な祖父母、勤めを持ちつつ養子に入った父、四歳上の兄との五人暮らしであった。芳枝がまだ保育園へ通っていたころ、母親は手術を受けたものの経過がはかばかしくなく、数ヶ月の入院治療を受けた後に他界した。兄は礼儀正しい優等生、芳枝も保育園から小学校三年生までは優等生的な存在で、級友の皆から頼りにされていた。

そのようなわけで、養護教諭にとって芳枝は気がかりな子ではなかった。一学年一五～六人という、在校生の全員を記憶しておれる小規模校である。

四年生二学期の初め、風邪気味だという電話連絡があり、珍しく欠席した。翌日からは従前通りの明るい表情で登校してきた。しかし数日後、運動会の総合練習が予定された日に風邪気味という理由で欠席した。行動力があり、児童を一人ひとり丁寧に観察している担任は、直ちに家庭訪問してみた。しかし、特に気がかりなところは見られず、通学も再開された。

やがて、腹痛を理由として欠席することが続き、芳枝の不登校が顕在化し始め、担任は毎朝自宅まで迎えに行くことにした。迎えを芳枝が心待ちにしている日もあれば、泣きながら動こうとしない日もあり、そんな日には無理強いせずに戻ってくることが繰り返された。主に保健室滞在という生活になったけれど、給食時のみとか最後の一時間だけ教室へ顔を出す、といった風であった。

迎えに行った担任の車で校門までは来たけれど、駐車場で固まったように動かなくなった日があった。養護教諭が引き受け、保健室で休ませた。

この日は何となく寂しげな面持ちなので、さりげなく母親のことを尋ねてみた。初めは口が重かったけれど、他界までの経過を少し話してくれた。ホッとしたような表情を芳枝が見せてくれたので、養護教諭は不安な胸を一応撫でおろし、話を深めることは避けた。

なかなか登校できないものの、芳枝が動物舎の飼育当番になっている第一と第三の月曜日は欠かすことなく登校して、律儀に役目を果たしていた。いろいろな催し物の日には登校し、級友と一緒に参加していた。

三学期。養護教諭が家庭訪問した日、たまたま母親の命日だった。仏壇に線香をあげ、登校を誘うと素直についてきて、薄く雪の積もった運動場で一緒に運動して心地よく汗をかいて帰っていった。遅刻しても学校へ来てみようかな、と言い残して帰ったけれど、しばらくは調子を崩していた。

不登校について児童相談所で相談してみてはと提案して合意され、初回だけは養護教諭も同伴した。車中、シートベルトで助手席に固定されたまま芳枝はべたべたと父親のからだを触り続けているのが印象的であった。父親もそれをたしなめるでもなく、むしろ、まんざらでもないといった横顔が見られた。これ以降、四〇キロ離れた児童相談所まで父親の運転で定期的な通所が始まった。

五年生になった。自宅にこもりっきりの生活になってしまった。担任が訪問しても会おうとしなかった。だけど三か月ほど過ぎて養護教諭が訪問した日には、会ってくれた。夏前の蒸し暑い日であった。本人の部屋でお喋りすることを提案したところ、受け入れてくれ、芳枝の自室を初めて見ることができた。

ふすまを開けた途端、三〜四歳児の子ども用コートが養護教諭の目に飛び込んできた。ランドセルや教科書など学校に関係するものは畳の上に投げ出され、全体に乱雑な部屋の中で、きちんとハンガーにかけて鴨居に下げられている赤いコートは強いインパクトがあった。

病気になる前、お母さんから芳枝が買ってもらった最後の衣装なのか、どのような思いでこれを日々眺めていたのか、毎日コートを見て母親を思い出していたのか、などなど、あれこれ芳枝の心情を忖度《そんたく》して切ない思いに襲われた。

達意の養護教諭は、その話に触れることは避け、当りさわりのない雑談を交わしていた。翌日から始まる青少年センターを活用して二泊三日の野外学習についても、用件を伝えるだけで深入りはしなかった。

次の日も訪問。動物好きでウサギの縫いぐるみを沢山持ってそれぞれに名前をつけている芳枝に、この縫いぐるみ全部持ってドライブしようと誘い、元牧場だった少し傾斜のある広い草原へ行き、ウサギさん全部と遊ぼうと提案した。動物も自然も大好きな芳枝は大喜びして、即興劇のようにお喋りながら遊び続けていた。

「こんな場所で、ゆっくり生活できたらなあ」

「いやなことがあれば木を叩けばいいし、どんなに大きな声を出しても人に迷惑かけないし」

「一人で生活したいなあ」

などと呟いていた。

そこから先は、練達養護教諭の策略。数キロ先に同級生たちが滞在しているセンターがある。

「ちょっと寄っていこうか」

との誘いに乗り、センターまで行った。

同級生は野外活動に出かけて不在だったけれど、そのまま芳枝は滞在するつもりになった。戻ってきた同級生も大喜びし、あれこれ面倒を見てくれた。二日目からは楽しそうにクラスの輪に溶け込んでいた。三日目はハイキングであったが、連絡を受けてやってきた父親と一緒に頑張って歩いていた。帰校前の振り返りをする場でも、皆の前で芳枝はしっかりと感想を語っていた。

それから夏休みまでは、日に二~三時間の登校が続いた。

もうすぐ夏休みというころ、

「私の部屋、片付けたから見に来て」

と、養護教諭は芳枝から招待された。部屋は小ぎれいに片付けられ、あの赤い幼児用のコートも片付けられていた。

雪国の、早い二学期が始まった。時々欠席することもあったけれど、全教職員が協力して芳枝の登校と学校での滞在時間を支えていた。一〇月以降は欠席することなく、保健室へやってきた。数名の友だちと給食を共にしたり、委員会活動にも参加できるようになって正月を迎えた。

三学期も休むことなく保健室へやってきたけれど、風邪などの身体不調で訪室する子が増えて、別室で過ごす時間が多くなった。三月末には、

「六年生になったら、教室へ行きます」

と語っていた。

六年生になった。予告通り、一学期の間は毎日登校して教室で授業を受けていた。

夏休みに入り、養護教諭は児童相談所へ状況を報告に行った。「安心するのはまだ早い、保健室での一対一の対話もまだ必要だ」と助言を受けた。

児相の予言が的中したわけでもなかろうけれど、二学期の初めにはいささかの揺らぎが続き、保健室利用が増えた。しかし同時に、状況も変化した。登校しぶりの一年生が保健室を利用するようになったのである。

この一年生は、好き勝手に何でもペラペラと喋る女児であった。初めは驚いていた芳枝も、やがてこの下級生と交流する中で、〈自分の思ったことを素直に口にしていいこと〉〈家族に甘えてもいいこと〉〈下級生とどのように関わればいいのか〉などを習得した。

母親代わりとしてしっかりしつけをしなければ、そういう思いの強い祖母は二人の孫に対するし

つけは折り目正しく、芳枝は祖母に対して「ありがとうございます」といった物言いをしていた。ところがこのころ、そのような語り口が少し崩れ始め、祖父母に対して今までにないぞんざいな語りをしたり、むっとした表情を示したりするようにもなった。

連絡を取り合っていた祖母がこの変化に驚き、養護教諭へ電話をかけてきた。学校での変化を説明して、これまでは必要以上に自己抑制的に過ごしてきた芳枝にも反抗期が近づいてきたのであろう、しばらくそのまま様子を見ていてくれるようにと依頼した。この「プチ反抗期」は一ヶ月余りで落ち着いた。

六年生二学期も残り一月となった。芳枝は登校班と一緒に登校し、大半の時間を別室で過ごして勉強に力を入れていた。いろいろな人から話しかけられると嬉しそうにしていた。人前で涙を見せるとか、怒りの感情を素直に表現するなど、これまでにない姿が見られるようになってきた。

年が明けて小学校最後の学期となった。希望する時間を教室で過ごして明るく元気そうな日があり、いささか疲れ気味で別室を利用する日もありの三学期だったけれど、卒業式は講堂に入って皆と一緒に参加できた。この学期には、中学校と連絡を密にして、受け入れ準備を丹念に進めていた。

保健室へこっそりやってきて、

「先生、きつい人です。たまにはいいけど、ほどほどにしてください」

と、かわいいメモ用紙に書いて保健日誌の上に置いていったこともある。こんなことも表現できるようになったのか、と養護教諭は喜んだ。メモ書きの脇には、微笑んだ養護教諭の似顔絵が書き添えられていた。

中学校へ進み、一年生時は教室で授業を受けていたが、二〜三年生では別室登校で過ごして高校へ進学した。

考察

芳枝には後日談があります。

高校一年生のときはおとなしくよい子でしたが、二年生になってとても活発になり始め、部活にも熱中するように大変身しました。たまたま小学校にやってきた同級生から、

「あの子、すっごく元気になったよ」

と聞かされることがありました。同じころ偶然、養護教諭は祖母と道で出会って芳枝の近況が話題になりました。小学校後半のことを祖母は、

「あれは一体、何だったんだろうねえ」

と首をかしげていたそうです。

中学校の三年間は、小学校の後半を繰り返しているようにも見えます。だけど、高校へ入ってから見せた成熟のハジケを目の当たりにしますと、それまで辿ってきた十数年の育ちの流れが読み解けてきます。そのような事例としてこれは、参加していた私にはとても興奮した勉強会でした。

保健室を利用するまでの芳枝に一番大きな発達課題は、なんといっても物心つき始めたころ母親と死別したこと、この体験を巡る喪の作業です。

祖父母は親代わりという役割をしっかりと務め、旧弊な地域性もあって養子の父親も懸命に日々を暮らしていました。兄妹ともに『いい子』だったけれど、ぐれてしまうか、いい子を演じるか、二つに一つしかなかったきょうだいであったと見ることもできましょう。

芳枝は独り、記憶から次第に薄れていく母親を、赤いマントを見つめながら追い求めていたのかも知れません。

たまたま、他人である養護教諭にこの宝物の陳列を見られてしまいました。六〜七年過ぎて、もうそろそろ区切りをつけようかと感じ始めていたのでしょうか。だから、一月余りの間に自分の部屋、同時にこころも整理し、その結果を報告したくて養護教諭を自室へ招待したのでしょう。

お父さんも大変でした。若くして男やもめとなり、家事は姑がやってくれるものの、再婚する訳にもいかず、あれこれ悶々とした思いもあったでしょう。児相通いの往復八〇キロ、これは父娘にとって二人きりになることのできる貴重な時空間を提供してくれました。車中で父親に示した芳枝の退行行動は、喪の作業を進めることに役立ったはずです。

小学校三年生まではいい子の演技で耐えてきたけれど、四年生になって芳枝は息切れしました。小規模校のお陰で、全教職員が一致団結し歩調を合わせて手助けしたり、息抜きを挿入したり、少し背を押してやるということの二年半で、こころが充電されてきました。五年生初めの自宅ごもりは、どういうことでしょう。児相通いで誘発されたエネルギー備蓄のためのよい巣ごもりだったのかも知れません。

六年生にはプチ反抗期も体験し、大人への歩みを始めたようです。でも中学ではすっきりしない三年間を送りました。

高校生になって弾けるように活発になったのは、こういったことの集積の上へ、芳枝の心身に成熟・時熟が訪れたからと読むことができます。

優等生タイプの兄、反抗期はどうだったのでしょうか。そこまでは情報を得ることができませんでした。彼なりの節目を作ったのではないでしょうか。傍目には見えないような反抗期もあります。そうでなければ、現実的な未来設計を描けるようには成熟できなかったと考えられます。祖母の話によれば、兄は活動的な大学生生活を維持しており、卒業すれば郷里近くに就職して農業も手伝う、と語っているようです。

舞台は地方の過疎地。でも、過疎地・僻地にもいいことがあるのだなと考えさせられる事例でした。子どもたちは純朴でした。

都市部の中・大規模校では、これほどに手厚い支援はできません。土地は広大だけど、人口的には小さな地域です。だからこんな事例が成り立ったのでしょう。

7節

短期決戦で何が起こったか
――時間限定でもできること

里子の場合

小学校六年生の里子。気に入らぬことがあると自宅で大暴れする子だと養護教諭が聞かされたのは、二年生のころであったか。しかし学校で見る限りでは口数少ない普通の子と見えたので、取り立てて関わりを持つこともなく時が流れた。

六年生二学期の後半から、里子は登校しなくなった。理由などは定かでない。やがて、保健室登校を続けていた麻里に誘われて、里子も保健室登校を始めた。

五年生のときにも、仲良しだった香里と一緒に時々やってきて、すでに里子は保健室の常連ではあった。でもそのころは、「言うことがはっきりしない」という担任への不満を二人して訴えに来ていたのであり、いわゆる保健室利用ではなかった。もっとも、昨今の保健室は、ふつうの不満や愚痴を吐き出す場所としても結構活用されているようである。安全な愚痴の吐き出し場か。

六年生の担任は五年生からの持ち上がりとなった。何が起こったのか定かではないけれど、香里はこのころ里子から離れていっていたことが、後にわかってきた。

一〇月のある日、里子が登校してこないし家庭から連絡もないので、どうしたことかと教員たちが手分けして学校の周りを捜して回った。母親に電話したところ「博物館にいるのではないか」と言うので、市立博物館へ行ってみると、里子は所在なげに地元出土の縄文土器を眺めていた。電話で呼び出された父親が里子を連れて帰った。帰宅後、ぶつぶつ文句を言いながら、ランドセルの肩紐をはさみで切ったという。翌日から、登校しなくなった。

同日の夕刻に相談・指導会議を開き、里子をどう扱うか検討した。あの子の場合は登校刺激を与えた方がいい、もうしばらくそっとしておいてやろうなど、さまざまな意見が出た。しかし、もう少し事情が読めてくるまでは担任が頻回に家庭訪問して、関係作りを進めていこうという結論になった。

担任が足しげく家庭訪問したものの、この若い担任とは、里子はどうしても会おうとしなかった。前年度からのしこりもあったのであろうか。

保健室登校に誘ってくれた麻里に頼んで、里子へ電話してもらった。話し合って里子は納得したのかどうか、一二月初めからまた二人揃って保健室登校するようになった。しかし二人は波長が合わないようで、同じ部屋で過ごすことは余りなかった。保健室で里子からアンモニア臭が漂うときがあり、衣類も垢じみていることが気になった。

年末に相談を申し込まれ、養護教諭が母親と面談した。母親とは初めての出会いである。

「まだ夜尿が続いており困っている。学校で何とか指導してもらいたい。家庭内暴力をしないように指導してもらいたい。きちんと登校できるようになるにはどうすればいいのか」

などと、母親からは要求ばかり並べ立てられた。家庭の事情とか里子に注がれる母親の思いなどを、何とか話題にしようと努めてみたもののかなわず、そういった話題にはそっけない返事が返ってくるばかりであった。

だけど家庭内の話を拒否している風でもなく、要求をあれこれ訴えるときと同様に、表現力や内省力の乏しい親だなと感じられる語り口であった。注文は多いものの、何がなんでもこの子をしつける・育てる、夜尿を治してやりたい、そういった親の気概というものはまるで伝わってこず、〈文句の多いおばあちゃん〉の役割を演じている、といった風情であった。

最後の学期、三学期が始まった。里子は毎日保健室へやってきた。母親も足しげく保健室へやってきた。些細なことで物を投げたり、母親を蹴ったり、はさみで物を切り刻んだりする里子の暴力が続いており、母親は困り果てていた。そこで、

＃　夜尿に関しては専門医を紹介する

＃　家庭内暴力への対応には民生児童委員に協力を求める

＃　児童相談所へ親が必ず相談に行く

＃　暴力を抑えられないときには学校も介入する

など、具体的な対応法を話し合った。

学年末を目の前にして、保健室は何人かの『大物』を抱えていた。インフルエンザの流行も加わって、養護教諭は里子にばかり関わっている訳にはいかない時季であった。だけど気がかりな子な

ので、ある日の夕刻、里子の家を訪問することにした。

外見も内部も立派な家であり、きれいに片付けられていた。しかし里子の部屋だけは玩具類からスナック菓子の空き袋まで、物があれこれ溢れており、女の子の部屋らしい雰囲気とは対極の乱雑さであった。ここでは落ち着いて話ができないと判断して、里子をドライブに連れ出してファミリー・レストランで夕食を共にした。

夜尿は病気なのだから病院へ通って治療を受けよう、暴力を揮ったときには親から連絡してもらい、学校から教員が出向くことにするよと説明した。自宅へ送り届けたときに、はさみを取り上げて卒業式まで養護教諭が預かることにした。この指示に、里子は素直に従った。それ以降、物を切るという行動化はなくなった。

保健室があまりに慌しかったので、空き時間教員や教頭が別室で対応するなど工夫して、里子の居場所を作ってやった。校長は民生委員に連絡を取り、家庭の事情を説明して訪問を依頼した。病院の診察を予約した日には里子が嫌がったので、母親と養護教諭二人での病院訪問となった。しかし、校長が強く説得したことで里子も一〇日後にはようやく病院を受診した。諸検査では異常なく、生活リズムを建て直すことが必要だと指示を受け、就寝前服用の安定剤を処方された。

二月になった。事があまりうまく進展しない様子を心配した学年主任が、里子の支援へ参加してくれるようになった。母親とほぼ同年代の経験豊かな女性であり、この教員と一緒にいるときには、これまでになく明るい表情を里子は見せるようになった。

保健室外で給食を食べる、職員室の作業を手伝うなど、行動の量や範囲も増えてきた。反面、職員室に置いてあった菓子を無断で食べてしまう、誰かれなくべたべたと甘えてくるなど、幼児的退行とみられる行動も観察されるようになってきた。

卒業までに何とか教室へ復帰させようとあれこれ工夫してみたものの、これはなかなか実現しなかった。母親はしばしば保健室へ相談に来たり、養護教諭へ電話してきたりはするものの、何ごとにつけ真剣味があまり感じられなかった。親だけでは里子を病院へ連れていくことができなかったり、児童相談所へもまだ行っていなかったりという有様で、養護教諭もいささか苛立ってきた。医師からも強く勧められたことで、三月初めに両親はようやく児童相談所へ出向いた。

この後、麻里と一緒に過ごすことが多くなった。そのせいであろうかガムをかむ、マニキュアを塗る、挨拶をしないなど、生活のきまりが守れなくなってきた。

麻里も、一年以上にわたって教室参加ができていない子で、養護教諭は継続して関わりを持ってきた。何が問題なのか、どのような家族問題が背景にあるのか、いまだに読めていない。麻里の母親は髪色、服装、発言、行動共に派手派手しい人であり、麻里はその文化を保健室へ持ち込んできて、里子もその洗礼を受けたようである。

三月に入り、学生ボランティアの助けなどを得て、里子は卒業式の練習にも参加し、卒業式にはためらうことなく出席でき、式の当日は同級生とも抵抗感なく話をしていた。

中学校へは入学式から休むことなく登校し、クラブ活動にも参加しているという。

考察

卒業を目前にしたわずか五ヶ月間、いろいろと大きな変化がありました。短期事例の割には登場人物が多くて、読者もご苦労なさったと思います。

この事例でまず学ぶ必要のあることは、どれほど大きな問題でも、思い入れの深い事例であっても、卒業の後まで子どもを追いかけないことの大切さです。最終学年の一一月に子どもとの関わりが始まったとすれば、手持ちの時間は五ヶ月間しかない。その間に何をすべきか、この学校で何をしてやれるか、これをしっかり計算しなければなりません。中途半端に関与していたのでは、子どもがかわいそうです。卒業した後まで関与を続けるのでは、次の学校に対する越権行為です。

卒業生が保健室へ相談にくることはありましょう。でも、こちらから追いかけてはなりません。

里子は、基本的生活習慣を身につけぬままに六年生を迎えてしまいました。三歳のときに、保育士がおむつを外してやった（トイレット・トレーニング）とか、五年生で初経を迎えたことを母親が知らなかったという、驚くほどにのどかなご家庭でした。

そのようになった背景には、ご両親の育ちも何か訳ありだったのかも知れません。そのような育ちや家族史の細部までは、たかだか五ヶ月間では見えてきません。

落ち着いた小規模校なら、二年生のころに里子は家庭内暴力という主題によって事例化していたのでしょう。この学校は、あと少し児童が増えれば養護教諭二人配置になろうかという大規模校です。昔からの住人たちが維持している土着文化があり、そこへ宅地開発によって流入してきた都市生活者の新文化が混入し、問題児童多発で養護教諭も苦労していました。

この事例を振り返ってみますと、学級経営の苦手な若い担任が弱体であったことのお蔭で里子の爆発は可能になった、そこから関与を始める契機を把握できたとも見えます。学校の枠組みがしっかりしており、養護教諭が有能であれば、担任の非力さでさえ役立つ場合もあることを示す事例、そのように見るのは皮肉に過ぎましょうか。

実は、この事例検討には後日談があります。いや後日ではなく、事例検討会の夜、食事の席で事例提供者とお話していたときのことです。

里子、麻里、香里、そしてもう一～二名、どの子を事例として提出しようか、錯綜した校内事情をどのように説明すれば参加者に理解してもらえるか、最後まで彼女は迷っておられたそうです。いずれも、なかなか大変な子ども・家庭であり、それぞれを事例としてまとめ、文章化してみた上で、里子に代表選手を仮託した、それがこの養護教諭の心情でした。

小学校最後の一年間に、不安定な子どもたちが縺《もつ》れ合って事例化してきました。それぞれの子どもに難しい家族背景が控えていました。こういう込み入った時期が時として生じることもあり、保健室は苦労します。事例検討会に出すとなれば、さらに準備のために体力・気力が求められます。

参加者がそのような背景事情までしっかり話を聞かせてもらい、討論を進めていけば、多くの子どもたちで汗をかいた養護教諭にとって、よきメンタルヘルス支援となりますね。この、たくましくも有能な養護教諭がいなかったら、里子は一体、どうなっていたことでしょう。

8節　校内連係をどう作るか
――多職種が歩調合わせて

澄子の場合

中学三年生の澄子は学業成績が上位で生徒会の役員を務めるなど、二年生までは保健室にはほとんど無縁の生徒であった。

事例化してから健康管理記録を読み返してみると、一年・二年共に風邪で数日ずつ欠席しており、吐き気や突き指などで数回保健室へやってきたことがあった。スポーツ少年団に入っていて、入学してからは女子サッカー部に属していた。几帳面・神経質で床が変ると眠れない、気分が悪くなりやすいなどと、健康調査票に自ら書き込んでいた。

四月の修学旅行から戻った翌日、体調不良と母親が電話してきて学校を休んだ。朝、起きてこないので母親が起こしにいくと、布団の中で泣いていた。その日の夕方、担任が母親に電話したところ、「休んだ理由について、今は言いたくない」と本人は語っており、昼間は穏やかにパソコンに向かって過ごしていたという。

翌日は登校してきたけれど、途中から気分が悪くなったと保健室へやってきた。測定してみると微熱があるので休ませて、午後は帰宅させた。

連休明けに母親が学校へ相談にやってきて、担任と話し合ったことが後に明らかとなった。女生徒のグループから無視された、「死ね」と言われたなどと語っており、交友関係について強い不安を抱いていると、家庭で訴えているという。取り立てて悪い雰囲気の学級ではないので、これを聞いた担任は不審に思った。

「いじめが大ごとになれば、クラスに入れなくなるので言わないでほしい」と、澄子はその日の出掛けに母親へ懇願したという。

配布物などは住いが近い女子生徒に届けさせ、数日後、担任が家庭訪問した。クラス全員からの手紙などを持参したものの、澄子と会うことはできなかった。これまであれこれ我慢して頑張り過ぎた子だから、頑張らないようにのんびりさせようと、母親に説明してきたという。

翌日、両親が学校へやってきて、校長と学年主任が対応した。担任は呼ばれなかった。養護教諭も後になってこの訪問を聞いた。この日の会談では、澄子の問題をスクール・カウンセラーに相談しようということになったという。

一週間後、母親は学年主任と共にスクール・カウンセラーの面接を受けた。「本人の希望や意欲が出てくるのを待つことが必要であろう」と助言を受けたという。

五月下旬に、恒例として年二回開催されている全教員参加の生徒理解研究会で澄子のことが報告され、これまでの事情を養護教諭はこの日に初めて知らされた。とりあえず、欠席だったので未受診になっている耳鼻科健診を校医の診療所で受けるよう指示した。

六月中旬の中間試験は受けなかった。「今は勉強する気になれない」というが、英語だけは関心があるようなので、英語のプリントを担任が届けることにした。しかし、母親から電話があり、「今日は先生に会いたくない」と言っているということで、養護教諭が担任に代わって電話口で話すという日もあった。そういうときには、「手に力が入らない」とか「よく眠れない」などと、からだの不調を語っていた。一度医者に診てもらってはどうかと提案したが、本人は「病院はきらい」と言って、助言を受付けなかった。

二年生の三学期に、県から二〇人選ばれて二週間のニュージランド研修に参加した。帰国した後に、学校でいやなことがあったようだ。

取り立てて進展もないままに三年生の一学期は終了した。学期末に検討会議が開かれ、「澄子は能力が高い子だから、登校はしなくても学習刺激は与え続けた方がいい」「医療機関に繋げるべきだ」など、さまざまな意見が出されたけれど、明瞭な指導方針も出ないまま、担任が休暇中も家庭訪問を継続することになった。

考察

これだけの記録であれば、真面目中学生の息切れか、対人緊張の強い中学生がさしたる理由もないままに不登校を始めたのであろうか、とも思われましょう。家庭の事情も、入学時からの育ちの姿を理解する材料にも欠けています。

この短い事例を挿入したのは、児童・生徒の揺らぎを支えていく校内の連係プレーを成立させるにはどうすればいいのか、考えたくなったからです。

澄子のことが報告された事例検討会には、いろいろな地方からご参加がありました。多くの養護教諭は「どうして？」という驚きの声を挙げていました。それらは学校精神保健先進校の先生だったのでしょう。確かに、真面目で学業成績も優秀な生徒が、具体的な援助も提供されないままに一学期間も不登校状態のままで過ぎていく。これは、先進校では考えられないことでしょう。

澄子の場合、担任がとても熱心で、校長、学年主任、スクールカウンセラー等、さまざまな人材が投入されていました。それにもかかわらず、どうして具体的現実的な方策が作られなかったのか、なぜ、養護教諭は蚊帳の外に置かれていたのか、といったことが、参加者多数の疑問でした。

『学校精神保健の大切さ』『こころのケア』『学校教育へゆとりを』『全人教育』などと、学校はスローガンで一杯です。しかし、一人ひとりの児童・生徒に暖かい、優しい、力強い支えを提供してやるという学校精神保健の日常的な実践は、この国ではまだそれほど普及しているとは言えません。先に、学校精神保健『先進校』という表現を用いました。いわば、『途上校』が結構多いことも、子どものために汗をかいている人々は知っておく必要があると思うのです。

澄子の学校をいま一度、点検してみたいと思います。

県下から二〇名ばかり、本校から一名の参加という海外研修となれば、あからさまにはならなくても周囲から羨望の眼差しを投げかけられることを考えておく必要もあります。それをバネにして伸びていく子もいるのでしょうけれど、神経質にくよくよこだわる澄子には、それが重荷だったのかも知れません。このような個別の心情を把握していないのであれば、それは学校精神保健以前の段階と申せましょう。

初めて両親揃って学校へ来られたとき、どうして担任は列席しなかったのでしょうか。もっと驚くのは、不登校、気分が悪くなりやすい子、保健室を利用している生徒であるのに、養護教諭がそこに列席しなかったどころか、事後連絡も受けていなかったということは、学校精神保健を実践している者にとっては、驚天動地の事柄でありました。

担任が家庭訪問を繰り返しながら本人にはなかなか会えず、一ヶ月ぶりに会うことができたら、少し痩せていたことに驚いたと聞かされては、担任は一体、何のために訪問を続けていたの？と首を傾げたくもなります。この担任、採用されて数年目。合気道黒帯の元気な男性で、誰からも親しまれる理科の先生でした。皆に親しまれる好人物というだけでは子どもの「こころ」には近づけない、という一例かも知れません。

生徒からも親からも一定の人気を得ているこの青年教師は、経験豊かな教員たちからは子どもを甘やかし過ぎている、師弟のけじめがいささか欠けていると評されていたようです。善意だけ、行動面の努力を集積するだけでは、事が進まないのが精神保健の特徴とも言えましょうか。

さらに、次のようなことが明らかになってきました。校長は定年目前の温厚な紳士で人の和を大切にする人ですが、三年生の学年主任は体育担当の精力的で行動的な人、悪気はないけれど集団を一人で仕切ってしまう男性でした。そのため、この学年は主任の意図する方向に何ごとも流れていく傾向があったようです。体育会系の元気印がよくないというのではなく、リーダーシップを発揮し過ぎて組織の推進が容易になっていても、一人ひとりの子どもが流れの陰に隠れてしまうのでは、学年運営では満点でも、子どもたちには幸せとは言えません。

精神科医として学校と関わりを持つようになって私は四〇年余りになります。その経験から、学校精神保健というものは理念から始まるものではないとつくづく思います。

必要なのは、まず現場での連係です。保健室が関わる、あるいは関わらねばならない事例はすべて、校長、教頭、学年主任、担任、養護教諭（この順番に、意味はありません）などが、臨機応変に協力し合う態勢が成立すること、これが一番大切であると考えます。事情によっては、生徒指導主事や医師や地域資源も関与することになるでしょう。

誰が中心か主導か、ということはありません。組織の民主的運営などと硬苦しいことは申しません。子どもの安全な育ちという視点を共有するならば、上下関係や主導権などというものは消えていくでしょう。理念などというものは、そういう柔軟な組織の実践にくっついて、いずれ次第に浮かび上がってくるものです。

いかに有能な教職員でも、一人でできることは知れている。これを、常に自覚していなければなりません。利用できるものは何でも活用する。忙しいときは、猫の手も借りたくなります。でも、猫に依頼状を発送する前に、普段から校内の連係態勢を大切にしておきたいものです。

9節

養護教諭の視線を揺さぶり続けた女の子
――協業によって支える

信子の場合

中学校へ入学してきたころの信子は、色白でセミ・ロングの髪が似合うおとなしそうなかわいい女の子だった。どことなく自信なげな雰囲気が、担任の印象には当初から残っている子でもあった。一年生の一学期は、部活中に突然息苦しくなったと言って保健室へやってきたことが一度あったのみの付き合いであった。瀬戸内海に近い温暖な農村地域にある全校生一〇〇名程度という小規模校なので、養護教諭はすべての生徒を把握している。信子も視野に入り続けてはいたけれど、気にかけるほどのこともなく夏休みに入った。

二学期が始まってほどなく、バレーボール部の練習が始まる前に、

「気持ちが悪い」

と言って保健室へやってきた。そして唐突に、

「去年亡くなったおじいちゃんに、私の制服姿を見せてあげることができなかった」

と号泣し始めた。ソファに座らせてゆっくり話を聞いてやると、同級生に対する不満や部活のつらさなどを回りくどい口調で延々と話し続けた。この日を境に、信子は保健室の頻回利用者へ仲間入

りし、一年生三〇回、二年生五〇回、三年生には六〇日以上と訪室は増え続けた。

養護教諭との交流が増えたせいか、偶然にもこの時期からなのか、信子についての情報が何人もの生徒から聞こえてきた。『小学校のころは爪かみがひどくて出血していた、死にたいと言っていた、首を吊りたいと言っていた』ことなどである。そういうこともあって、管理職・担任・部活顧問・養護教諭で信子についての検討会を行った。兄二人ともに不登校経験者であること、心配させたがる気配を周囲に感じさせることの多い子、部活では協調性や根気が乏しくて運動は苦手であることなど、情報が交換された。

体調不良を訴えたので保健室で静養させ母親に迎えに来てもらったことがあって、親とも面談できた。ゲームしているときは夢中になって体調不良を忘れるほどだけれど、内科に通院して胃薬を服用している、母親は寝たきりになった姑を介護するため退職し在宅している、長男は高卒後就職して自立・別居している、父親は警察官で真面目・厳格に過ぎて信子は敬遠している、といったことが語られた。

心もとない足取りで保健室へ向かう途中で校長に、

「どうした?」

と声を掛けられた途端、くずおれるように床に座り込むなど、養護教諭を心配させる気がかりな行動が繰り返された。一体どこに問題があるか、なかなか定かにならず、あたふたするばかりで徒労感が先立つままに一年生が終った。

二年生になった。膝の痛みを訴えて通院するようになり、そのことを理由として部活を休部することになった。それと関連があるのかどうか、体調不良を訴えて保健室へやってくることはなくなった。しかし、私生活の愚痴や同級生への不満などを語りにくることは時々あった。

二学期の初め、整形外科で精密検査を受けて膝関節半月板損傷と診断され、松葉杖を使用することになった。他の生徒が鞄を持ってくれたり、階段の昇降に手を貸してくれたりするようになり、そういった援助を信子はとても嬉しそうにしていた。

かつての体調不良が嘘のようで、常に笑顔が見られるようになった。単なる甘ったれなのか、チヤホヤされたい自己中心の性質なのか、よく理解できないままに過ぎた。

秋深まるころ、バレーボールの県大会で大接戦の末に同校は敗退した。救護班として参加していた養護教諭は、横で観戦していた信子に、

「すごく残念、もうちょっとだったのにねえ」

と語りかけた。信子は、

「昨日やっていたゲームのことばかり考えていて、試合は私、見ていなかった」

と能面のような表情で語るのを聞いて、面食らった。この子の関心は一体どこにあるのか、心情の捉えどころがないことに養護教諭は困惑を強めていた。

三学期の半ばに母親が手術のため一ヶ月入院して、信子が炊事を担当することになり、保健室にあった料理の本を借りていった。このころから、訪室するたびに必ず体重と体脂肪を測定するよう

になった。グラム単位の増減に一喜一憂する信子を見て、無邪気なのか炊事を担当し始めたこと故なのかなどと漫然と眺めていた。

三年生になった。始業式の日、信子を眼にして養護教諭は驚いた。目立って痩せ、顔色がいかにも不健康そうによどんでいた。食生活はどうかと問えば、「私、痩せたでしょ」とにっこり笑うのみであった。肉や魚を食べず、春雨ばかり食べているという。

退院してほどなく母親とも面接し、信子の食事について話し合った。

数週後の修学旅行へどうにか参加できたものの体力乏しく、バスの中ではトロトロ居眠りばかりしていた。食事も極端に控えているのが眼についた。しかし帰りの車中で突然、耐え切れなくなったかのように、土産としてあれこれ買っていた菓子類の包装を引きちぎるように開いてむさぼり食べ、同級生を驚かせた。

過度に食事制限することや痩せることの危険性を、養護教諭はあれこれと説明し続けた。しかし毎日数回保健室にやってきては体重計に乗り、「数値の下がることが私の生き甲斐」と語るばかりで、養護教諭を途方に暮れさせていた。

父親の協力も必要と考え、非番の日に保健室へ来てもらった。制服姿が直ちに連想されるような、生真面目さがスーツを着ているような印象の男性であった。

最近の体調不良は父親から見ても尋常ではない、朝になると体のあちこちに不具合を訴えるけれど、金曜日になると調子がよくなる、ここ何週間も笑顔を見たことがないなど、時には涙を浮かべながら低い声で父親は語り続けていた。

母親はその後も入退院を繰り返し、家事の大半が信子に任せられる日々となった。母親は帰宅すると闘病のいらつきを信子にぶつけていた。他方、それまでほとんどことばを交わすことのなかった父娘であったけれど、母親の病気と家事分担がきっかけとなったのか、話を交わすようになり、心を開き始めてくれたと父親は喜んでいた。

梅雨時となり、誰の眼にも気づかれる痩せと体調不良を理由に、部活をやめてマネージャーとして部の世話をすることになった。小規模校でどこかの部に所属することが義務づけられているきまりで、これはよい逃げ道となった。

そのせいであろうか、体調不良の訴えは消えたものの、感情の起伏がとても激しくなった。保健室へやってくるとすぐさま、許可を得ることなくベッドにもぐりこみ、幼児語で話し始めるようになった。

試行的に始まったスクール・ソーシャルワーカーが夏休み前から定期的に訪校するようになった。養護教諭に勧められて定期的に面談することになり、信子は喜んでいた。ソーシャルワーカーの勧めで総合病院精神科を受診、通院することになった。

二学期になり、頭痛・腰痛・鼻出血・吐気などを訴えて訪室する日々が続き、

「死にたい」

「私なんて、いない方がいい」

「治療費がかさむ、と母が愚痴っている」

などとも語っていた。時期的に、進路の話題も出るようになった。

信子との付き合い方に考えあぐねた養護教諭は、精神科主治医を訪問した。守秘義務上病名は教えられない、治るか否かわからないけれど、ひょんなことでコロッと治るかも知れない、本人がいま集中できることをやらせていれば解決の糸口が見えてくるかも知れない、などと聞かされた養護教諭は混乱をさらに深めてしまった。

三年二学期で部活からも開放され、別室登校で空き時間の教員が相手したり、保健室で過ごしたりなどで、登校はどうにか続いていた。三学期になっても同様の日々であったけれど、勉強には集中するようになり、希望する高校へ合格し、卒業していった。

卒業式のころには体重計に乗る回数は減り、「あっ、増えちゃった」と笑って語るなど、減量へのこだわりもなくなり、最悪時と比べれば体重も五キロ増えていた。

考察

信子の問題は一体、どこにあったのでしょう。いまはやりの操作診断に従うならば、当初は身体表現性障害の条件を満たしています。一時期、神経性無食欲症の診断基準を満たしていました。幼児語を用いるとか、感情変化の激しさ、松葉杖使用時に周囲から受けた好意への喜びようなどはどうでしょうか。でも、卒業してしまった生徒の『診断』を定めようとしても、いまさらどうにもならないし、意味もありません。

小規模校で、全教職員が全生徒をよく知っているのは、学校のメンタルヘルスにとってとても好都合な条件です。信子に関しても、話し合いがよく持たれたようです。

結果としては、学校が信子に振り回された三年間で終わってしまいました。身体症状もほとんど消え、志望校へ進学できたのですから、『終わりよければすべてよし』と済ませることもできましょう。でも、次年度にはどのような生徒が保健室へ新たに登場してくるのかと考えれば、問題を整理して振り返っておく必要が感じられます。

養護教諭が二〇代半ばで経験をあまり重ねていなかったことは、交通整理がうまくいかなかった一因とも考えられます。しかしあちこちで事例検討会に参加していますと、初老の養護教諭が差配しているのにどうしてこれほど混乱するのかといぶかる事例に出遭ったり、採用二年目の養護教諭が問題多い子どもと上手に付き合っていることに感心したり（そういう場合は大抵、当の養護教諭自身、うまくいっているのはなぜか、気づいていない）することもあります。

それは、研修医が見事な治療をするかと思えば、経験の長い医師が適切でない治療をすることもあるのと、同じでありましょう。

スクール・ソーシャルワーカーは、結婚するまで総合病院でケースワーカーをしていた経歴があるものの、中学生のメンタルヘルスは専門外でした。しばしば自分のお子さんと照合しつつ信子と付き合っていたようです。主治医となった精神科医の語りには、同業者として私もいささか怒りさえ感じてしまいますけれど、後に、老年期の治療を専門とする医師であるとわかりました。

この町には精神科医がいない、一度精神科医に診てもらいたいなどという話は、事例検討の場でよく聞かれます。だけど、精神医学も精神科医も万能でないことも知っておきましょう。とりわけ、児童・思春期を専門とする精神科医は、全国でもごくわずか（数百人？）しかいないのが現状です。

学校のメンタルヘルスを進めるために、精神科の診断は不可欠ではありません。統合失調症を早期に発見して医療に乗せる、薬物療法で楽になる（強迫神経症やパニック障害など）病気の子どもには、なるべく早く医療へ繋げる必要があります。でも多くの子どもについては、その子が〈問題〉を通して何を発信しているのか、ひょっとして本人も自覚していないであろうメッセージを読み取る努力がまず求められています。

そのような基本メッセージが把握できれば、一貫した支援が成り立ってきます。

そうすれば、多彩な身体症状の対応に追われ、次いで拒食症の娘に栄養指導を行い、当たり散らす母親からの被害に同情するといった、その場その場での対処というジグザグな付き合い方を防ぐことができます。

信子は末っ子でただ一人の女の子、孫娘。平均的な家族の中では一番得をしそうな位置に産まれました。そういう時期が彼女にあったのかも知れません。

だけど、兄二人が不登校になって母親の関心はそちらへ向けざるを得なかったのでしょうか。やがて姑が寝たきりになって母親は介護にかかりきりとなりました。それに母親が闘病生活を始めるということも加わり、信子は中学生にして代理主婦となりました。

父親は、信子の大変さに少し気づいていたようですが、振り返ってみますと、信子を継続して見守り続ける一貫した視線が家庭の中に存在しなかったようです。このところに養護教諭が気づき、一貫性の車軸となっていれば、職員室で何回も持たれた信子を巡る話し合いも方向性を見出していたのかも知れません。

人間の営みには一貫性・継続性の視点が求められ、人間関係の維持には信頼と親切とぬくもりが必要です。保健室で子どもと付き合うときも、そのことは同じです。

10節 終わってみれば

——真剣になるべきだけれど、深刻にはならない

ゆきこの場合

五百人程度の中規模中学校一年生。のどかな信州の雰囲気に立地し、町村合併で中規模校になったという。いまどき、小学校の修学旅行で初めて海を見た子だっていたというから、誠にのどかな土地である。

地方都市で生まれ育ち、小学校六年生の初めに母親の実家近くへ越してきた。小学校のころからいじめでつらい思いをしたと語り、そのせいであろうか、ちょっとしたことで不安感を示し、自尊感情も低いことで養護教諭の目に留まった。

二学期に入ってほどなく、歯痛を訴えて保健室へやってきた。母親に何度訴えても歯医者へ連れて行ってくれない。診察代を出す余裕がないと言われる、と困惑した表情。電話で連絡すると祖父が迎えにやってきて、翌日祖父が歯医者へつれていってくれた。

歯痛は大して処置するほどのものではなかったけれど、それ以降、休み時間に訪室することが急に増えた。小さいころからいじめられてきたことを繰り返し語る。涙を浮かべることもある。

「自分にはよいところがなんにもない」

とも言う。

　小学校四年生のとき、廊下で同級生に囲まれてひどいことを言われていたとき、通りかかった担任が
「どうしたの？」

と尋ねてくれたけれど、周囲の子が
「なんでもないの、お喋りしてるだけ」と答えた。担任は、

「ああ、そう」

と言っただけで行ってしまった。先生はどうして助けてくれなかったのか、すごく悲しかった、と涙ながらに語ることもあった。

　高校生の兄は、父親から身体的暴力を受けてきて、中学校入学時に祖父母宅へ家出し、そこから中学・高校へ通っており、今も自宅へは寄りつかないという。

　実質一人っ子という状況で専業主婦の母親には可愛がられていたようだ。ところがかなり年が離れて現在二歳・三歳と年子の妹が生まれ、ゆきこは子守を期待されるようになった。

　学校ではいじめられたり劣等感を抱くことが多く、帰宅すれば幼児の世話をしなければならず、ホッとできる場所がないと漏らしていた。

　それからひと月ばかり、ゆきこがやってきたときには受け入れ、養護教諭は聴き役に徹していた。担任には初期段階で事情を説明し、場合によっては保健室登校もあり、ということで合意していた。

程なく、毎日開かれる学年会で詳細を報告し、校内連係を強めるようにした。

一月が過ぎて、ゆきこは次第に養護教諭へこころを開くようになり、放課後になると笑顔を見せるようになってきた。いじめられるのがつらくて、二年生のときには『このまま生きていていいのか』と考えたり、校舎の屋上へ上って飛び降りたらどうなるだろうと考えたこともあったなど、深刻な語りも口にするようになった。クラスには、話のできる子がいない。自分の方から声を掛けることもない。帰宅すると、母親とはよくお喋りをする。父親には、なんだか怖くて身を引いてしまう、という。

ある日、

「悲しくなってきた」

と言って保健室へやってきた。衝立の背後で独りさめざめと泣かせておいて、養護教諭は急ぎの書類を作成していた。ひとしきり泣いた後、妹たちの世話についての愚痴、友達がほしいし声を掛けてもらいたいけれど、友達ができたとしても交友を保つことは不安、などと語ってくれた。養護教諭は、ゆきこが来室すればベッドを使うなり好きなように過ごさせ、ゆきこから話しかけてくるときは、時間を作ってゆっくり聞いてやっていた。

学年で連絡を取り合いつつも進展がないままに三学期が始まった。社会科（担任）の授業になると緊張する、指名されるとどう答えていいのかと固まってしまう、と嘆く。担任は温かい人柄だけれど、若くて熱血漢、元気のいい生徒には人気がある人だ。

ゆきこは担任との波長が合いにくいようだと養護教諭が語ったところ，彼は，

「ああ，わかった」

と答えて，適切な対応をしてくれるようになった。

やがて，ゆきこも，

「社会科が面白くなってきた」

と語るようになった。

保健室へほぼ毎日来室して次第に表情が明るくなり，語り口や行動にもゆとりが感じられるようになってきた。孤立はしていたけれど，することがなんでも丁寧で，手順が要領いい。これは，性格なのか，二人の妹を世話してきたことで身についたものか。この利点を生かそうと学年連絡会で話し合い，授業中に褒められることが多くなってきた。初めのうちはそのようなときに困った顔つきであったけれど，次第に，褒められたということを素直に受け入れるようになってきた。

養護教諭や他の教員の作業を放課後に保健室で行うことが日課となり，褒められること，認められることが，結果として自然に増えてきた。このころ，他のクラスの女の子とも仲良く話ができるようになった，とゆきこは喜んでいた。

同級生の言動に気を回して不安がることもまだ見られたけれど，次第に，困った状況からは距離を置くことができるようになってきた。

学年末には，二年生になれば仲良くなった他クラスの子と一緒に書道部へ入りたいなど，今後の

ことを明るく話すほど元気になってきた。期末の三者面談でこれからのことを本人を交えて具体的に話し合えた。このとき、養護教諭は転勤の内示が出たことをゆきこに伝えた。少し困ったような表情になったものの、「がんばります」と明るく答えてくれた。

二年生になって仲良くなった友達と同じクラスとなり（学年会で配慮）、学校生活を愉しんでおり、部活動にも休まず参加している、と後任の養護教諭から連絡を受けた。

夏休み前、期末テストも無事終ったと手紙をくれ、

「先生、もう心配してくれなくても大丈夫です。先生には迷惑をかけ過ぎたと反省しています」

と書かれていた。これ以降、養護教諭の手を煩わすこともなく、ごく普通の中学生として卒業していった。

考察

関与し始めたころは、ゆきこの性格や対人関係のありよう、父親の兄に対する虐待行為、生活水準の低さ（母親の実家から家計をいろいろと支えてもらっていたようだ）、構音障害とまでは言えないけれど、発音の不明瞭さによる不利、学力もあまり高くないなど、あれこれ考えて、てこずる生徒かと、養護教諭はいささか身構えていました。

だけど、半年過ぎて転勤となり、終ってみれば、どうということもない普通の中学二年生に育ってくれていました。

何が奏功したのでしょうか。

第一に、養護教諭の提案に応じて学年会議が足並みを揃え、ゆきこの生きづらさに程よく対応してくれたことが挙げられるでしょう。中規模校ではありますが、山国の地域性が色濃く残っている土地柄です。

温暖化のおかげでドカ雪に見舞われることもなくなったけれど、昔の冬場は雪に閉ざされて相互扶助なしには暮らしていけなかった土地です。こういった風土性もゆきこに味方した、と読むこともできましょう。

養護教諭のお人柄も考えておきたいものです。どの職業でも同じこと、さまざまなパーソナリティの人がおられます。テキパキと活動的に仕切りの上手な人もいる。仕事中毒のように子どもへのめりこむ人もいる。

ゆきこを支えた養護教諭は、行動も語り口も誠に穏やか、周囲の人をホッとさせるような、お姫様のような雰囲気の方だったことが思い出されます。事例検討に参加していて私も、この方に何か提案されると、うまく乗せられていたろうな、と連想したものです。

この、柔らかさがあり、途切れのない連係がゆきこを育てたのでしょう。

また、中学一・二年ごろの女の子は短期間に脱皮を見せることがある、これも忘れないようにしたいところです。

11節

思春期を女の子が通過するとき
――女の子にとって思春期とは

小雪の場合

高校一年生の初めから、胃が痛いとか怪我をしたとかなどと訴え、時折保健室へやってくる生徒だった。そんなときに、部活の悩みや不満をぽつりぽつりと語ったりしていた。左手首にいつもリストバンドをはめていることが気がかりではあったけれど、見て見ぬふりをしていた。

あるとき、血圧を測ったあと、左手甲に認めた打撲傷をなでながら、「小雪さんって、左利きだったねえ」と語りかけたところ、イライラして壁を拳で叩くことがあると語り始め、リストカットや大腿部まで切傷することも話すようになった。

専業主婦の母親、父方祖母との三人暮らしで、父と兄は遠隔地の工事現場で働いていた。厳格な教員の授業があるときなどに、体調不良を訴えて保健室へやってきて、雑談して過ごしていた。服装はだらしないというか、規則からわざと少し外しているという印象であった。担任から注意されても、濃いめの化粧を止めようとはしなかった。いつも男子生徒が周囲にたむろしており、小雪が男子たちを差配しているけれど、女生徒との交流はあまりみられなかった。

二年生になってほどなくのある日、

「なかなか血が止まらない」
と数人の男子生徒が小雪を保健室へ連れてきた。
同伴した男子たちが話し合っていて、部活動がだらしないとある男子が怒ったとき、
「しっかりしろっ」
と叫んだ小雪は皆の前で前腕部を自傷したという。出血はすでに止まっており、傷も浅いので圧迫包帯をして帰宅させた。

その後も、思う通りにならないと、足元をふらつかせながら保健室へやってきて愚痴っていくことが少なくなかった。今にも倒れそうな足取りだけど、支えの手をそっと外しても、倒れることはなかった。傍目には大きなお世話、と思ってしまうようなお節介をしてトラブルを作った挙句、自傷してやってくることもよく見られた。

夏休みの宿題として、何歳からことばを話し始めたかなど、幼児期の育ちを周りの人に尋ねて記録してみようという課題が出された。親子の対話を促す意図があったのだろう。この〈たくらみ〉には乗ることなく、小雪は記入せず白紙で提出していた。

母親は、怒り出すと相当に迫力がある人で、乱暴で軌道を外すような男子生徒たちからも一目置かれている、強面《こわおもて》の女性であった。

自傷行為には母親も気づいているようであり、担任がそれとなくそのことに触れると、「いずれ成長すれば、落ち着くことですよ」と動じなかった。このような迫力が、幼児期を回想するための

問いかけを小雪に迷わせているのであろうかとも感じられた。

二学期に入り、父親が工事現場で大怪我をして入院。手術に付き添うため母親が現地へ出かけ、小雪は祖母と二人だけの生活を、数週間初めて経験した。「祖母はぼけている」と小雪は愚痴っていたけれど、母親（嫁）の悪口を近隣に話して回るというほどのことのようであった。この間、炊事を始め家事全般は祖母が行っていた。

父親は退院後二カ月ばかり、静養のために帰宅した。この間、小雪の保健室来訪が頻繁になり、自己中心的なガキっぽい父親の言動に憤懣を吐き出していた。

ある日、

「あり得ない」

と怒声を口にしながら保健室へやってきた。

小雪の進学費用にと母親がコツコツ蓄えていた貯金を、新車を買うために使うと父親が言い出して、大変な夫婦喧嘩になったという。

「自分が稼いだ金をどのように使おうと、オレの勝手だ。文句は言わせない」

とうそぶく父親に、母子そろって怒り心頭に発したようだ。

反抗的な態度を維持しながらも卒後の進路を少し考えるようになり、学校生活も落ち着き始めていた小雪は、怒りをなかなか納めきれないようであった。

母親が頑張ったお蔭で、進学資金に父親が手をつけることはどうにか防ぐことができたらしい。

筋肉痛を理由に運動部を転々とした小雪であったけれど、このころ、男子生徒三人と一緒にヒップホップダンスに取り組み始めた。昼休みも放課後も、飽きることなく練習に打ち込んでいた。小雪はいろいろと気がかりな生徒だったので、三年生は二年時と同じ担任となった。校外の男性と付き合っているという噂が流れるとともに、有機溶剤吸引を行っていることを間接的な表現で養護教諭に語るようになった。

そのことに感づいたらしい母親から養護教諭へ直接電話が入り、精神科クリニックを紹介してほしいと伝えてきた。温和で親切な精神科医を紹介した。

受診した後に尋ねてみると、「これは病気なのだから、しっかりと治療しなければ駄目だ」と厳しい口調で迫られたという。そのような口調で迫る医師ではないのだけどなあと思いつつ、この母子の耳にはそのように聞こえたのだろうかと養護教諭は推量した。

クリニックから戻る車中、

「あんな叱られ方をして小雪を傷つけることになっては嫌だから、専門家の相談を受けてみてはという担任からの助言にも逆らっていたのに」

と、母親は医師の説明に怒っていたという。このことを話している小雪の表情は穏やかで、どことなく嬉しそうな雰囲気さえ漂っていた。

イライラしたときには処方された安定剤を服用し、精神科受診以来、心配していた校外の男子との交流も途切れ、有機溶剤からも離れていった。

文化祭のステージでは、仲間と四人でヒップホップダンスを披露して大喝采を受けた。多くの教員も、うまい、よかった、と褒めてくれた。ステージから降りてきた小雪の表情は満足げで、なんだかふっ切れた、といった感じであった。保健室利用も、文化祭のあと急速に減ってきた。

ところが年末ごろになって再び、保健室へやってきて話し込むようになった。

付き合っている男子生徒と、列車で三時間半ほど離れた県庁所在地の学校へ進学して、一緒に生活しようと話し合っていたのだけれど、彼から別れ話が出たという。そのためか、彼女は名のある調理専門学校へは推薦入試で合格していたけれど、これを取りやめて地元の学校に変わりたいとこぼすようになった。体調が心配だし、知らない土地で一人暮らしすることに不安を強めたように見えた。

年が変わり、最後の試験が近付いても、進路について不安を訴えていた。

気分が悪くなったと訴えて来室し、ベッドで横になりながら、父親の不満を厳しい口調で語っていた。

「ばあちゃんのことを母さんに押しつけておいて、自分は好き勝手なことして。ばあちゃんの面倒を母さん一人で見るのは大変。身の回りのことはできるのだから、昼間は一人にしておいて、母さんは働きに出ればいいのに」

と、親の夫婦関係や嫁姑関係についてもこれまでにない大人びた批評を語った。同時に、未知の場所で新しい生活を本当に始められるのかと、不安も相変わらず語っていた。

左腕で血圧を測定しながらそっと見ると、切傷は消えていた。

「小雪ちゃん、あんた、以前ならこんなときに切ってたよねえ」

と言うと、

「エヘッ」

とよい笑顔を返してきた。ああ、一段ハードルを超えたな、と養護教諭は感じた。

あのときの抵抗感は低下したかな、と感じた養護教諭は、二年生夏休みに出された幼児期のことを聞き取りする課題をやってみては、と問いかけた。

「今なら、できる」

と小雪は語り、母親に尋ねて書きあげて保健室へ持ってきた。

卒業を前にして養護教諭は、時間をかけてじっくり小雪と話し合ってこれまでを振り返り、問題点を一緒に整理する作業を行った。

問題のない家庭なんてないこと、父親も身勝手なところが多いようだけれど、(これからの進学費用も含めて）生活に困らないだけの送金を続けてくれる父親をどう評価するか、都会へ出て一人暮らしする（家庭から離れる）として小雪にできること、しなければならないことは何か、二人であれこれ一緒に考えた。

結局、予定していた遠方の専門学校へ進む決心がついた。「たまに仮病作って、お母さんを下宿へ呼んだら？　そうしたら、お母さんもばあちゃんから離れて息抜きにもなるだろうし、小雪ちゃんの心細さも軽くなるし」

と提案すると、小雪は大きくうなずいてホッとしたようであった。お母さん、たまにくるだけの（家計の）余裕はあるかなと尋ねると、

「ある、ある」

と答えていた。

　卒業式では号泣しながら卒業の歌を全員で歌い、級友と別れを惜しんでいた。保健室には立ち寄ることなく、代わりに母親が挨拶にやってきた。ジャージ姿しか見たことがなく、厳しい迫力のある母親と思っていたけれど、美しく着飾り、礼儀正しく感謝のことばを述べる姿に接し、養護教諭は改めて感じ入った。

考察

　初めのころの雑談で、「お母さんってどんな人？」と尋ねたところ、「一緒に服を買いに行ったとき、どれがいい？と尋ねたら、〈あんたが好きなもん、選んだらいい〉と言われた」という話が小雪の口から出たそうです。このような語りを聞かされますと、おかあさんの風采も加わって、親子の情緒関係のなんだか干からびた姿を想像しかねません。

　でも、非行（警察、を連想したことでしょう）が疑われると直ちに、それまで嫌がっていた精神科医の受診を求めてきたお母さんです。公と私との区別をはっきりさせる母親だな、と想像されま

す。

リストカットは『私』部分のことで、見通しをつけていたのでしょうけれど、非行となると私を超えた『公』（社会）の問題であり、お母さんはすかさず行動を開始しました。ユニークな母親であると中学から申し送りがあった人ですけれど、公私、正邪を截然と区別するところが、並みの親たちとは異なるように見られてきたのかも知れません。

不安定な家庭を嫌ってわざとワルぶっていたところもある小雪。自分のことで毅然たる態度を取ってくれたことを眼にして、小雪の心の中に母親への敬意が育ち始めたようです。

やがて、母親への思いやりが語られるようになりました。自宅を離れた暮らしをするようになっても、体調不良を理由にして母親を時々呼び寄せればいいじゃないのという提案にも、小雪は素直に喜びました。

これは、小雪の心細さを支える手段として思いついたのでしょうけれど、姑から母親がちょっとエスケープする機会になるというように、母親の息抜きを理由として提案した養護教諭の心配りがニクい、すばらしい。このようなアイディアがスッと出てくる養護教諭になりたいものです。智恵袋を膨らませるのではなく、即興演奏の手法なのでしょう。

男子を周囲に集めて差配していたのは、この母親が持っている強さのイメージを、小雪が取り込んでいたのか。反撥した後に協調へと到達したのは、女の子が思春期を通過する自然な道のりだったのでしょうね。

父親への不満や反撥も、養護教諭からのことばを受け入れることで、すとん、と収まりがついたようです。

それにしても、このヴェテラン養護教諭の導きは心憎いばかりですね。少し、整理しておきましょう。

＃　初めから、身体切傷を問題にしなかった（少なくとも視野の中心には置かなかった）

＃　手甲を撫でながら暴力行為を聞き出した技

＃　左腕で血圧を測定することで、アーム・カットをさりげなく確かめたタイミング

＃　頃合を見計らって、一年半前の家庭科宿題をやらせてみる読みの深さ

＃　母親が下宿通いをする家計の余裕を、大胆にも尋ねてみる策略力

などなど。

母親を下宿へ呼び寄せる理由に『仮病』ということばを使うのも、勇気を要することですね。これまでの筋肉痛などあれこれを、小雪は仮病と一括されてしまったわけです。そのような表現に、ああ、お見通しだったんだ、と納得するところまで小雪は成長して、卒業していきました。

12節

「解離症状」を流行らせない
――こころにも流行病がある

真由美の場合

高校へ入学してきたころ、真由美はさして目につくような生徒ではなかった。学年初めの慌ただしさの中では、記憶の周辺へかすかに留まる程度だった。

一学期の終わりごろに「めまいがする」と訴えて、雪子を伴って保健室へやってきたのが、真由美と付き合う始まりとなった。二人はクラスが違うけれど仲良くしており、共に、中学時代からめまいと吐き気を訴え、起立性調節障害と診断されて薬物治療を続けている。

二日後にも、「吐いた」と訴えて来室した。少し休ませて観察した上で早退させた。こういったことが断続的に続いていた。二週間ほどしてなお、同じような訴えが相変わらず繰返されているので、時間を作ってゆっくり話し合ってみた。次のようなことが語られた。

「母は仕事のストレスが多く、(母方) ばあちゃんとの不仲が続いており、そのイライラで私に暴力を揮うんです。老人施設の臨時職員をしていて、最近仕事が忙しくなってきたせいか、毎夜のようにばあちゃんへの不満を私に聞かせています。ばあちゃんからもたびたび母に対する愚痴を聞かされるので、板ばさみになった自分はどう考えていいのかわからなくなりました。苦しい。

普段からわがままでてこずっている小学生の甥が遊びにきたとき、粗暴な行為が目に余るので、少し厳しく注意した。すると、この甥を溺愛している祖母から『太郎をいじめるな』と叱られた。以前から不快に思っていた孫への偏愛や身勝手さなどで頭にきて、ばあちゃんを突き飛ばして部屋へ閉じ込めてしまいました。

そのあと、自分の部屋に戻ったところまでは覚えているけど、それからの記憶がなく、気がついたら、部屋の中がめちゃくちゃに散らかっていました。リストカットもしていました。」

そう語って、左前腕のリストカット痕を養護教諭に示した。

数日後、真由美は雪子と二人で保健室へやってきた。雪子が、

「真由美って、やばいよ。自分の中に、違う自分がいるんだもん」

と語った。真由美の口からも、

「私の中に暴力的な女の人格が住んでいる、そちらの人格に移ったときは記憶がない」

などと語られた。雪子も自分の中に数名の異なる人格が住んでいると悩んでおり、雪子の家へ行って二人でそんなことを話し合っていると落ち着くとも語った（雪子は故あって、中途退学した）。

三週間ほど過ぎた。問題が容易なものではない、どうしても家族の協力が必要と考えた。母親に来校してもらい、担任、養護教諭の三人で、どこに問題があるのか、どうする必要があるのか、ゆっくり話し合った。最近、真由美の様子が穏やかならぬと母親も気にしていたようである。母親の語りは次のようなものであった。

「夏休みに、雪子の家を頻繁に訪問するようになってから、おかしくなり始めたと思う。二学期の初めに、リストカットの傷を真由美から見せられて、驚いた。母（祖母）は人の気持ちを頓着せずにあれこれ平気で言う人なので、自分も娘時代から気が合わない。母のことでは、真由美もこれまで随分苦労してきていると思う。

私も去年から仕事がとても忙しくなって、自宅へ書類を持ち帰って処理しなければならないほどで、ストレスがたまってつらい。それを聞いてもらう相手は真由美しかいない。それで、ついつい愚痴を聞かせてしまう。これまで、ゆっくりと話し合う時間を持てなかった。なんとか時間を作り、娘と向き合っていきたい。」

後日、母親は町へ買い物に連れて行ってくれ、「好きなものを買ったらいい」と言われたけれど、「何もいらない、と答えて買わなかった」、と真由美は語った。

その後も時折、「吐き気がする」など身体不調を訴えて真由美は保健室へやってきた。時間にゆとりがあって雑談できるようなときには、

「自分の中にいる女の人へ話し掛けると、答えてくれるようになった」

「ほかに、子どもの人格も自分の中にいる」

など、多重人格であろうかと思わせる語りを聞かすことがあった。

来室がしばらく途切れた。

一月ほどしたある日、真由美は、気分の悪くなった同級生を保健室に連れてきた。その子の検温

をしながら、小声で

「大丈夫？」

と真由美に尋ねると、少し曖昧に笑いながら首をかしげてみせた。

この日の六限目、めまいがすると言って来室したときの真由美は座っていることもできない状態で、長椅子へ倒れ込んだ。嘔吐し、うつろな眼差しで表情の動きが乏しく、声を掛けても返答が曖昧だったので、救急車で病院へ搬送した。いろいろと検査してみたけれど、取り立てて異常は見出されなかった。しかし、〈症状〉の原因が判明しなかったので、とりあえず入院することになった。

ポケットから風邪薬の瓶が見つかり、真由美に医師が尋ねたところ、「一〇錠くらいのんだ」と答えた。しかし薬剤の副作用は認められず、気がかりな所見もないので、翌日には退院となった。

登校は不定期的になった。真由美のことを心配して、母親は仕事を辞めることにした。

入院騒ぎから三週間ほどして真由美は母親と共に登校し、近くに迫っている修学旅行への参加を希望した。参加させていいものかどうか、担任も養護教諭も心配だった。精神科医に相談したところ、精神安定剤を内服させ（服用は養護教諭が管理）、母親はいつでも駆けつけられるよう自宅待機するという条件で、二泊三日の修学旅行に出発した。

旅先での真由美は至って元気そうに見え、友だちと騒ぐなどして、旅行を愉しんでいる風であった。同行して気をもんでいた養護教諭は拍子抜けする思いであった。

旅行が終わるとまた、時々「気持ち悪い」と言って来室することがあり、少し愚痴を語っていくこともあった。修学旅行から二週間ほど経過したころ、珍しく体調に関する訴えなしにやってきて、養護教諭相手に話し込んだ。

「今朝、母親の車で送ってもらった。そのとき、調子が悪くなったのは雪子のせいだから、あの子と付き合うのは止めろ、と言われた。親友のことを悪く言われたので口論となり、校門の前で喧嘩別れしてきた。

数日前にも母がキレて、「お前なんか、生きている必要ない」などあれこれひどいことを言われた。仕事をやめて家にいるので、前よりも口うるさくなった。叩かれることはないけれど、ことばの暴力がひどい。自宅も学校も落ち着ける場所ではない。雪子の家が一番落ち着けたのに、母から行くなと禁止されている。雪子とは、母にばれないようこっそり電話したりメールしたりしている。

昨日、病院へ行ってきた。（精神科の）先生といつもの五倍くらい話してきた。《他の人格》のことは話さなかった、最近は出てこなくなっているから。

中学一年のときに祖父が亡くなった。中風で倒れ、悪い病院へ入れっ放しにされていた。もし、きちんとリハビリを受けさせてもらっていたら、元気になったかも知れない。それができなくて、ばあちゃんに殺されたようなものだ。」

このような自分史や不満を、沈うつな口調で一方的に話し続けた。二時間余り経ったころ、養護教諭が気分を変えようと趣味の話に移すと、真由美は打って変わったように明るい表情になり、ひとしきり喋ってにこやかに教室へ戻っていった。

それからは保健室へやってくることもほとんどなくなった。たまにやってきても、「母は仕事してないのに、私に料理させる」「母は人使いが荒い」などと不平を語るものの、情緒的には安定しているように見えた。やがて、精神科への通院もやめてしまった。母親は半年後から再び働き始めた。二年生の秋に真由美は文化祭の責任者になり、立派に責任を果たしていた。一年生時の担任も、入学してきたころの明るい真由美に戻ったと評価している。

このまま元気に卒業していった。

考察

『リストカット』『記憶が飛んでいる』『自分の中に別の人格が住んでいる』などと続きますと、これは手ごわい生徒かな、と身構えても不思議ではありません。教科書や精神保健の本から、解離性障害とか多重人格障害などということばを連想なさる方もありましょう。

担当した養護教諭は、まだ現場経験三年目の若手でしたけれど、真由美が口にする多重人格様の語りに何か真剣味が漂っていないことを、初めから嗅ぎ取っていました。

親と面接する、問題点を担任と共有する、精神科医の協力を得るなど、必要な手順をしっかり踏みながら、生徒の語る《問題》には醒めた感覚で付き合っていたと、事例検討の場でこの養護教諭は語っていました。

そんな構えで付き合っていたからでしょうか、生徒から話し合いを求めてやってきたときには、当人が納得するまで充分に付き合ってやる、聞いてやることができました。その結果、真由美が語っていた《別の人格》は消失し、明るい高校生に戻っていきました。

真由美の成育を考えますと、もう安心、とも判断できないでしょう。だけど、大変なことにはならずに高校生活を終えることはできました。

ここ十数年、思春期の女の子（男の子も少しいます）にリストカットが流行っています。一九六〇年代に米国で流行し、一〇年遅れで日本に輸入されました。当初は、傷口を隠す努力もみられました。今では、傷口を堂々と見せびらかすとか、自分のホームページを開設して写真を公開する子も登場するなど、だんだん派手になってきました。

手首を傷つけることから微妙なメッセージを読み取る努力が求められる時代がありました。自分から傷を見せつけるような子の場合、そこにあまり関心を向けぬがよろしいでしょう。しかし今の時代でも、思い悩みつつこっそりと手首に刻みをつけている子がいることも忘れてはなりません。

アメリカの多重人格小説が数多く翻訳されたり、多重人格のテレビドラマが作られています。演技性のパーソナリティ障害やその周辺の人物も目につく時代です。被影響性の強まる思春期の女の子を相手の仕事では、こういった風潮を若い世代が取り入れやすいと計算しておく必要があります。

かつて、女子中学生に『こっくりさん遊び』というものが流行った時期があります。軽い憑依体験（これも解離の一種）の伝染でした。いまや、『解離症状』が伝染する時代になったのでありましょうか。眼前の問題の華やかさに振り回されて、それを『解離性障害』などと病理像に固定しないよう注意しましょう。養護教諭が解離症状を流行らせる、というようなことが生じてはなりません。

本物であるか否か、思春期を専門とする精神科医に判断を求めましょう。

流行する病気は、インフルエンザやＳＴＤなど感染症ばかりではないのです。こころの病気にも流行があります。世間が騒げば騒ぐほど増えていく現象もあります。マスコミの影響もなかなか無視できません。ボーダーライン・パーソナリティ障害にもそのような側面がありました。アダルト・チルドレンということばも一時流行しました。解離性障害も類似の問題を秘めており、〈その気になって見るとそのように見えてくる〉ことで問題を大きくしてしまう恐れなきにしもあらず、です。

養護教諭は、現象の本質と背景をしっかり把握して見通しを立てるよう、職業習慣を身につけたいものです。

13節 多動児と付き合う
――シール評価の使い方

篤の場合

幼児期から篤は落ち着きのない子だった。保育園でも、篤が見当たらなくなりはしないかと、保育士はいつも気遣っていた。三歳児健診で多動を指摘された。児童相談所へは就学時まで定期的に通っていた。

就学時、一学年数名という小規模校のために目が行き届くということもあり、篤もなんとか教室で過ごすことができていた。

篤が二年生になる年、近隣小規模校数校が統合され、担任も交替した。高い所にぶら下がるなど危険を顧みない行動が目についたので、窓に柵をつける工事が必要になった。

いつの間にか教室から消えて校外へ出ていこうとする、同級生に乱暴する、暴言を吐く、順番を守れないなど、問題行動が増えてきて、二年生の三学期から薬を服用することになった。薬物治療によって暴力や暴言はかなり減ってきたけれど、教室に四五分間じっと座っていることは、相変わらず困難（ほとんど不可能）であった。

篤が三年生になるとき、教育委員会は介助員を加配してくれた。この人はやさしい包容力のある女性で、篤もなついていた。介助員の発案で、毎時一五分間は教室で授業に参加してシール評価を行い、その後は介助員とともに図書室やメディア・センターなどで過すことになり、穏やかな日々となった。

発達障害児を一対一で支援する『ことばの教室』がある。空き時間があるよと担当教員が誘ってくれ、週に一時間ゆったり個別指導を受けることになり、篤も楽しんで通うようになった。

この年の同級生は、担任が感心するほどに温かく篤を見守る雰囲気があり、そのお蔭もあったのか、学年の半ばからは教室で過ごせる時間が次第に増えてきた。三学期には、それまで苦手だった給食当番や掃除にも少しは参加できるようになった。

四年生になって、市財政の窮迫により介助員の加配がなくなった。一年生に中度の障害児が入学してきて、ことばの教室にも空き時間はなくなった。担任は持ち上がりとなって篤の問題点をよく把握していたものの、助っ人が一挙にいなくなって、いささかあわてた。

学年初めの一週間ほどは、頑張るぞという気持ちが篤にもあったのか、算数ではノートもとり、挙手してよく発言していた。教室から脱け出すことはあったけれど、連れ戻しに行けば素直に戻ってきた。

しかし二週間後には、些細なことで同級生と喧嘩になり、一方的に相手を叩いて、捨てぜりふを残して教室を出ていった。それからは軽率な規則違反が頻発するようになり、注意する同級生に食ってかかることも多かった。担任が連れ戻しに行っても教室へ戻ろうとしなくなり、相手に謝るよう指示しても応じなかった。

連休明けからは、教室にいないことが当たり前の状態となってしまい、保健室に出入りするとかメディア・センターでパソコンをいじったりして（操作は得意）一日を過ごすようになった。

担任を支える人がいなくなり、養護教諭がそれを補う形となった。五月晴れのある日、高山植物園へ森林学習に行った。出発前の準備には素直に従い、級友と一緒にバスで出かけた。現地では、棒切れの好きな篤はすぐに木の枝を拾って振り回していたけれど、注意すればしぶしぶ捨てていた。だけど程なく新しい枝を拾って振り回していた。

一度、親ともしっかり話し合い、家族の協力を求めようと養護教諭が提案し、母親、担任、養護教諭の三人で話し合った。三年生のころは、篤が比較的落ち着いていて校内で混乱があまり発生していなかったためであろうか、来校時の母親はにこやかに振る舞い、明るい快活な女性であった。ところが、四年生になったこの日の話し合いでは、様子がまるで違っていたので、担任は驚いた。

校外学習で棒を振り回して一学年下の女の子を叩いたと報告したところ、

「わかりました。注意はします。でも、棒を振り回すのは年ごろの男の子として元気な証拠でもあるし、（相手の）愛子さんは乱雑な子で口汚いし、いつも愛子さんの方から篤にちょっかいを出してくるのです」

と、相手の非を並べ立て、わが子を弁護しようとした。

三年生初めの保護者会では、篤が多動児で服薬していることを母親が他の保護者に説明し、「どうぞよろしくお願いします」と語っていたので、わが子の病気についてインフォームド・コンセントが母親には成立しているものと担任は思っていた。

しかし今回は、息子に対する学校の扱いにあれこれ苦情を並べ立て、篤は頑張っているのに学校が上手に指導してくれないから、などと他責的な語りが続き、担任も養護教諭も対応にくたびれた。

学校でのトラブルを話題にすると「温かく見守ってほしい」と語るばかりで、学校側の苦労に気を配る様子は少しも感じられない。この日は、学校側と母親との共同作業が可能な話し合いは成立せず、その後も篤のトラブルは続いていた。

学期末の保護者面談日に母親は来校した。三年生時よりも成績のかなり落ちた通知表を見て、母親は衝撃を受けたらしい。担任が何も伝えてこないので、しっかり勉強しているとばかり思っていた、できないと言ってくれれば自分が勉強を見てやったのに、など不満の限りを一方的に話した。

一人一五分と時間が限定されていて、次の保護者が待っていると伝えてもなお、苦情は終わることがなかった。養護教諭に後を任せたところ、保健室で二時間にわたり不平不満をぶちまけた挙句、母親はやっと帰っていった。随分頑張ってきたつもりだのに、どうしてこれほど非難されねばならないのかと、担任はかなり気が滅入っていた。

一学期終業式の後、篤と母親にどう付き合っていけばよいか、担任・教頭・養護教諭が今後の対策を話し合った。

父親が勤める会社の社宅に住んでいるが、社宅街でも篤の言動には苦情が多く、母親にそれを伝える人もいるのだけれど、母親は謝るわけでなく、しつけもせずに放任していると非難されていることもわかってきた。

夏休み前に山地で行なった二泊三日の宿泊研修では、篤が事故を起こさないように、教頭は終始つきっ切りで面倒を見ていた。研修中の様子を報告した教頭へ、迎えに来た母親は

「大変迷惑をかけて申し訳ございません」

と平謝りだったという。

こういった母親のさまざまな二面性を検討する中で、母親が誰からも支えられることなく暮らしていることが理解されてきて、彼女の〈寄る辺なさ〉を理解し、杖となる人物が必要だと読めてきた。

女性担任に対しては、あれこれ陰性感情を抱いているようだし、人柄か肩書きか年齢かはわからぬものの、教頭には一目置いていることが明らかになったので、二学期から教頭が母親と定期的に面談することにした。

初めは、育てにくかった篤の幼少期や最近の多動と学習の遅れを心配する語りなどが多かった。やがて、問わず語りに母親は自らの育ちなどを打ち明けるようになった。お見合いで結婚した夫への不満、夫も元多動児で現在もせわしなさを持っている人であり、篤の多動を見ていると夫に対する不満が重なり合う反面、夫のような男に育てることは何としても避けたいという思い入れも強めてしまうこと、などが語られた。

篤くんのがんばりカード

月　日～　月　日

	月曜日	火曜日	水曜日	木曜日	金曜日
登校したらランドセルをロッカーに入れる					
ケンかをしても相手をたたかない					
1日に1回は15分教室に座っている					
給食の前に手を洗う					
友だちに悪いことばを言わない					

☺ うまくやれた日はにこにこマーク
人に言われずにやれた日は、マーク2つ

☹ しっぱいした日はしょんぼりマーク

三学期を迎える頃には、母親の肩に入っていた力も次第に抜けてきて、担任とも穏やかな雰囲気で篤の育ちをどう助けてやればいいか、一緒に検討できるようになってきた。

それまでも行なってきた養護教諭が作成した篤への『シール評価表』(図)を、校内研修会の講師として招いた児童精神科医の助言を入れて作り直したことも効果を挙げ、大半の時間を教室で皆と一緒に過ごすことができるようになり、四年生の終わりを穏やかに迎えた。

考察

いわゆるADHDの一例です。さして重症とは申せません。もっともっと手のかかる多動児を抱えている学級は沢山ありましょう。火事場で汗をかいておられる読者は、なまぬるさをお感じになるかも知れません。だけど、軽度だからこそ、いろいろなことが見えてくるという面もあります。

多動児ブームとでも申すのか、クラスになじめぬ子どもはすぐにＡＤＨＤのラベルが貼られてしまう風潮はないでしょうか。

皆さんも、一～二歳時には注意が拡散して多動なお子さんであったでしょう、病弱で臥床勝ちの幼児期を過ごした方は別として。歩き始め以降の赤ちゃんは、好奇心の塊です。何ごとにも興味を示し、目にしたものの裏側はどうなっているのだろうなどと好奇心をかき立て、動き回ります。お母さんはハラハラし通しで、わが子から目が離せません。

そう、人は誰でも人生のある時期、関心があちこちに飛ぶということでは、多動児だったとも表現できます。大人の年齢になれば、そのことをすっかり忘れてしまいますけれど。

薬物療法の可能性を考える一方で、それなりの協調性はあるけれど活発すぎる子、周囲はいささか困るけれど好奇心旺盛で皆に面白いことを報告してくれる子もいる、そういうことを無視してはなりません。

発明王エジソンはいま用いられている診断基準では、ＡＤＨＤだったということになります。彼が好奇心過剰だったお蔭で、私どもはいま、どれほど便利な生活を享受できていることか。

少し、話がそれましたか。篤君に戻りましょう。

篤君の場合、薬物療法がいくらか役に立ちました。それと同じくらい、シール評価が有効だったことに注目してください。

初めのうち効果があまり上がらなかったのは、守らねばならないことが二〇項目もあったからです。注意が集中しにくい子どもに二〇種類もの約束ごとを求めるのは、大人の身勝手というものです。気の散る小学生にも納得できる注意事項は、せいぜい四〜五項目まででしょう。

これをしなさい、守りなさい、と大人が一方的に押し付けるのは好ましくありません。担当者がその子とじっくり話し合い、これとこれはいけないね、皆に嫌がられるね、などと点検し合って、子どもがよく納得した項目について約束を守るように導かなければ、シール評価の効果は期待できません。

シール評価は、失敗を叱る・注意する手段ではないのです。しょんぼりマークが増えると、子どもはガッカリ、大人も成果不振にウンザリ、となりかねません。

これは、にこにこマークを増やすことを目指す評価法であることを忘れてはならないのです。したがって、しょんぼりマークが一〇個になったからお仕置きではなく、にこにこマークが一〇個揃ったらご褒美を提供しましょう。大好きな音楽の先生を放課後に二〇分間独占できる、好きなゲームを三〇分させてもらえる、などなど。

シール評価はＡＤＨＤの子どもだけのものではありません。他にも、行動をコントロールしにくい子を指導する際に活用されます。そのような場合にも同じ注意が必要です。４節の主人公太一は、朝からの登校を目指す一点シール評価を行い、成功しました。

この事例から学ばねばならないことがもう一つあります。そう、お母さんのことです。篤君は多動児です。でも、学校でいろいろ混乱を招いた一因は、お母さんの心情へ周囲からの配慮が乏しかったところにもありました。

孤独感・孤立感、頼る人を見出せない不安感、ついつい他責的になって身を護ろうとするなど、表からはなかなか見えない悩みを抱いているお母さんでした。そのところを教頭が上手に支えてくれたことも、篤君の安定化に大きな力となりました。

母親（時には、父親や祖父母）のこころの病理に介入すれば子どもを救う鍵になる場合が少なくないことは、常々心している必要がありますね。

14節

留年して通信制を選んだ高校生
——養護教諭のトラウマ

ブルの場合

体力はさほどではないけれど、大柄な高校生で、クラスでは「ブル」の愛称で呼ばれていた。入学時から成績は最下位ではあるけれど、陽気で敵を作らない気質のせいか、皆に好かれていた。

偏頭痛の持病があると中学校から伝えられていた。一学期は何事もなく過ぎていった。二学期に入って、全校集会の途中で気分が悪くなったと訴えて担架で保健室へ運ばれてきた。

「今日は、いつもの偏頭痛とは違う。手足の力が抜けた」

などと訴えていた。微熱があり、血圧は高かったけれど、顔色は悪くなかった。救急病院へ搬送されて検査を受けたけれど、異常は見出されず、持病の偏頭痛と診断された。

やってきた祖父母は、

「母親が入退院を繰り返しているので、食生活がいい加減になっていて心配だ、肥っているし」

と心配していた。そこで、近所の内科医へ高血圧治療のため通院することになった。

これ以降、保健室の頻回利用生徒になった。祖母の食事はおいしくないし、父は夜勤もあって生活が不規則で、一緒に食事することも少ないなど、愚痴ともつかぬ雑談を繰り返すばかりで、養護教諭が生活状況や家族の状態を尋ねても、なかなか把握しづらかった。毎回血圧を測定し、血圧が高くて身体症状を訴えるときには、ベッドで休むよう指示していたけれど、じっと休んでいることができず、携帯電話を見たり保健室の備品を触ったりと、落ち着きがなかった。

集中力が乏しく、学習意欲も乏しく、成績は相変わらず最下位を低迷していた。母親は、たまに短期間退院したり外泊してきたりして、そのようなときには担任や養護教諭へ電話してくるけれど、自分の闘病で精一杯のようであった。

通院していた循環器内科医から精神科受診を勧められ、適応障害という診断をもらってきた。欠席が多いことを心配した担任は、二学期以降何度も家庭訪問してブルの生活指導をしたり、父親と会えた日には、進級が心配であることを説明した。だけど、父親にはあまり深刻味が感じられなかった。一年生末の春休みに、薬石効なく、母親は他界した。そのことのブルへの影響は特に見受けられなかった。

一応二年生に進級したけれど、生活も体調も学習もなんら変化しないままであった。結局留年となって、二度目の二年生が始まった。

しかしこの年度も体調は芳しくなく、一日も出席することなく年度末を迎え、父子ともに通信制高校への変更を求め、退学になった。

考察

退学する年度末まであと半月のころに、この事例は提出されました。

事例提供者は、数年前にみごとな事例を聞かせてくださった養護教諭なので、私は期待していました。だけど、プリントは二枚半の素っ気ないもの、ご本人も声に力なく、無表情、うつむき加減でぼそぼそと報告しておられ、何だろうと不思議に思いつつ事例検討会は始まりました。内容もとっつきにくいというか、何が問題なのか参加者の皆が頭をかしげるもので、討論も途切れ勝ちでした。

これだけの資料では、能力も学習意欲も非常に低い高校生が出席日数不足で退学していった事例、くらいにしか参加者の連想も膨らみません。

事例提供者がフト、

「この子のお母さんの葬儀には、教会始まって以来最高の会葬者が参列し、礼拝堂の外にまで列ができるほどでした」

と語ったことから、急に流れが変わりました。

母親はどんな人だったのかという質問が続きました。事例提供者は、ようやくここで重い口を開いて、

「ブルくんと私の息子は幼稚園で同じクラスでした。活発なお母さんで、いろいろとお役も引き受け、人望も厚く、輝いていました。家が近いこともあって、私もとても親しくしていました」

と告白されました。

昔はとても仲良くしていた友人の息子、わが子とも同級生だったブルと、小学校・中学校の九年を経て再会したわけです。

であるにもかかわらず、自分はブルに何も支援をしてやれなかったという自責の思いで事例提供者は苦しんでおられたようです。

それからは急遽、残された二週間でブルに学校は何をしてやることができるかについての、策戦会議となりました。学年末までに一・二回は退学手続きなどのため親子で学校へやってくる予定とも聞かされ、論議は活発になりました。

これほど意欲の低い子が通信制高校へ移れば、脱落間違いなしというのが、参加者全員の思いでした。家族力も乏しい子。彼にしてやれることは何か。

見てきた通り、父親はさして頼りにはならない。祖父母も、孫のことについては腰が引けている。そうなれば、何か社会資源を活用しなければ、ブルを継続的に支援していくことができない、そういうことで参加者の考えは一致しました。では、どこを活用するか。

一八歳の青年、児童相談所はもう対象外。民生児童委員は高齢者が多く、若者には向きそうにない。そこで、精神科のデイケアで支えてもらうことはできないかと、発言がありました。その地方で精神科の看護師として働いた経験を持つ養護教諭が複数おられ、医療情報は沢山示されました。

思春期を中心に、不登校やひきこもりの事例も沢山引き受けている精神科デイケアが「指名」され、次回来校時に親子へ通院をするよう強力に説得するのがいい、と結論が出ました。加えて、それを実現させるにはどんな点に注意すべきか、説得は誰が先頭に立つかまで、詳細に論議されました。

このころには、事例提供者の表情も和らぎ、話し方も滑らかになっていました。

終了後、喫茶店で少しお喋りして帰ろうかということになって、事例提供者も参加なさり、偶然、私の左隣の席に座られました。そのときにはもう、数年前にいい事例を聞かせてくれた彼女、穏やかな三児の母に戻り、雑談を愉しんでおられました。

ブルの能力面における問題は別として、この女性は、他界した旧友への申し訳なさを抱きつつ、去っていく生徒へ何もしてやれなかったという自責感から、この日ようやく開放されたのですね。

15節 適応指導教室との共同作業
――子どもの命運と法律との間

由加里の場合

中学一年生二学期に、体調不良を理由に由加里は二週間ほど欠席した。その後、保健室へやってきてベッドをしばらく借りていくことが、ときたま見られるようになった。バレー部員の割には体力がないなと思いつつ、多忙にかまけてそのままになっていた。

二年生になると欠席が増え、担任の勧めもあって保健室で過ごす時間を増やすことにした。時間に余裕のあるときには話相手をするよう努めたけれど、当たりさわりのない雑談に流れ、家庭のことはあまり話したがらぬ風であった。

二学期に入って、数日外泊することが繰り返されるようになった。友人宅に泊めてもらっていると親には説明していたけれど、盆踊りで知り合った成人男性宅に泊まっていることがわかった。あわてた両親が学校へ相談にやってきた。若い担任の希望もあって養護教諭が同席することになった。担任は警察と相談するよう提案したけれど、自分の力で何とか立ち直らせたいと父親が強く希望するので、警察へは連絡しなかった。

父親の真剣さに比較して、母親はこのような事態にあわてるでもなく妙に落ち着いている風に見えることが、何か印象に残った。

養護教諭は保健室で由加里とあれこれ話し合った。当初のように家庭の話題を避けようとはしなくなり、心の内を少しずつ語るようになってきた。社会規範から逸脱した行動について問うことはあえて控え、避妊の指導をしっかり行なった。

高校進学の希望は強く持っているけれど教室へは入りにくいと語る由加里に、学力保証を考えて適応指導教室への通級を勧めた。学校から徒歩一五分ほど、コスモスという愛称で呼ばれている。

由加里はコスモスが気に入ったようで、保健室と半々程度に通っていた。他の通級生たちとほどよい距離を保ち、他校同学年の女の子と仲良くしていた。

町工場自営の父親は、校長がかつての恩師なので、由加里のことを相談に行った。その地方では柔道の指導者として知られており、熱血漢である校長はいろいろと心を配り、警察沙汰にして由加里の育ちを傷つけるのは好ましくないと判断した。経験豊かな臨床心理士を紹介してもらい、両親は相談に通い始めた。

三年生になった。

自宅へはほとんど戻らず、男性のアパートから保健室かコスモスへ通学するという暮らしぶりになっていた。コスモスには常時五〜六人の小・中学生が通っており、心地よい居場所であった。

由加里もその流れに乗り、安心できる暮らしの場として活用する傍ら、指導員（教員）相手に教科学習に費やす時間も結構取っていた。テストは学校から答案用紙を届けてもらい、コスモスの相談室で受験して、毎回、そこそこの成績を取っていた。これまで勉強してこなかったからと、成績には由加里も納得し、もっと成績を上げて高校へ進学したいとも語っていた。

保健室では、中年の養護教諭がいつの間にか母親代わりの役回りとなってきた。あれこれ身の上相談したり、同居男性について愚痴をこぼして慰めてもらったりという利用法であった。基本的な指導の足並みが乱れてはならぬと、保健室とコスモスは常に連絡を取り合っていた。

コスモスの近くにショッピングモールがある。新聞の折り込み広告を見ては、昼休みに出かけて特売の冷凍食品をまとめ買いしてきて、コスモスの冷蔵庫冷凍室へ入れておくなど、指導員が「まるで主婦みたい」とあきれるほどの振る舞いも、自然な雰囲気で行なっていた。

ある日、家庭用品を沢山入れたレジ袋を下げて保健室へやってきた。何事かと尋ねると、コスモスから学校へやってくる間に百均ショップが開店したので、いろいろ買ってきたという。品物を次々と取り出して「これは便利よ」と説明する。結構、家事をこなしているなと感じられた。

普段の生活を養護教諭が尋ねてみた。ためらうことなく、由加里は日々の暮らしぶりを詳しく語ってくれた。朝早く起きて食事を作り、二人で食べて彼を会社へ送り出し、片付けを済ませてからコスモスに出かけるという。

「家にいたとき、こんなに早く起きたことなかったわ」

と語る由加里の表情は楽しそうであった。帰宅すると掃除や洗濯をし、夕食の準備を始めるとのことで、料理のレパートリーを増やしたいと、養護教諭に前夜の献立を尋ねたりした。貸し与えた惣菜百科を熱心に読んでいた。

週に一日くらいは自宅で泊まってくるようだ。両親は普段の生活がとても気がかりではあったもののの、カウンセラーの指導に従って、由加里の方から語る以外は、どんな生活をしているか一切尋ねることなく、自宅で毎日暮らしているかのように接していた。

時に、父親の車でコスモスや学校まで送ってもらうこともあり、養護教諭は父親と言葉を交わすこともあった。三年生二学期のころには、父親の表情にもゆとりが見られるようになり、尋常ではない生活をしている由加里が家族に受け入れられているなと感じられた。

三学期になり、進路は通信制高校にすると自分で決断した。

そのころ、父親から

「一度、彼氏に合わせてくれ」

と言われて、由加里はとても喜んでいた。

「私も彼の親に会いたいと思っている。卒業式が済んだら（隣県の彼氏の）実家へ連れて行ってもらうつもり」

と言う。

「彼が会社辞めたいと言い出したら、どうしよう」

と母親に話したら、

「うちで働いたらいい」

と言われたと、喜んでいた。家族がしっかり受け止めてくれていると実感したのであろうか。

三年生の秋ころからいつの間にか、打ち合わせるでもなく、由加里の相談は保健室、母親の相談は月一回程度コスモスのヴェテラン相談員が担当するようになっていた。

母親は次第に打ち解けてきて、娘時代の話、結婚してからの苦労など、みずからの素顔を語るようになってきた。最初の『あわてた風に見えない』風貌は、自分を押し殺して生きてきたこの母親の鎧であったかと推量された。

卒業式にはきちんと出席したいと言い始め、卒業アルバムの写真も撮り、卒業に向けての準備や行事にはためらうことなく参加していた。

そのような経過があり、由加里の安定を測って、養護教諭は卒業式の二週間前に、〈保健室の卒業式〉をしようかと持ちかけた。ゆっくり時間をとって、中学校での三年間を二人で思い出し整理する作業を行った。興味深い発言を一部、そのまま採録してみよう。

「いろんなことがあったけど、今は親のことを好きになれる」

――どうして？

「こんなことをしていても、私を見捨てずにいてくれたから」

――ご両親は、あんたを強引に連れ戻すこともできたよねえ。

「私のやること、ずっと見守っていてくれたから、卒業式まで来たと思う」

――家を出ようと思ったのは、いつごろ？

「二年生のころかなあ」

――どうして？

「小学校のころから、いろんなことに我慢してきた。お父さんとお母さんとおばあちゃんが対立しているというのか、何か家の中が緊張していて、息が詰まりそうだった。多分、私、今よりずっと我慢強かったと思う。学校を休むようになって、不登校している子とメールし始めてから、我慢すること、止めようと思った。自分の思ったことをやろうと進路変更したの」

――それで気が楽になった？

「そう」

――今、一番信用できる人は？

「やっぱり親だなあ」

――以前はどうだった？

「前は、親なんかいないほうがいいと思っていたけど、どこかで逆転してしまったみたい」

「先週、ショックなことがあったの」

――どうしたの？

「飼っていたハムスターが死んだ。仲間と喧嘩して血を流してた。動物病院へ連れていくお金もないし。夜、ずっと看病してた。朝になったら死んでた。めっちゃ、ショック」

――そんなにこたえたの？

「生まれたときから私が育ててきたからなあ。生まれたときは、こんなに小さかったん」

――親って、そうなんよねえ。

「そうやね。親の気持ち、わかるわ」

同じころ、母親もコスモスで〈卒業面談〉を進めていた。

両親が共働きで兄弟が多く、自分は小さいころから家事を負担させられてきた。就職、結婚などすべて親の指示通りにさせられた。結婚したら姑とのいさかいが絶えなかったと、自分史が語られた。由加里の本当の気持ちがわかってきて、今が一番楽しい。由加里は、決して本心を言わないところが、自分の子ども時代にそっくりだ、とも語っていた。

由加里は同級生と一緒に卒業式に出席し、中学校を巣立っていった。

考察

上手に保健室を経営するための要点がいくつかあります。その一つに他機関との共同作業があります。協業をうまく成立させるのは、語られているほど簡単なことではありません。相手が頼るに足る機関・人物かどうか、ということもあります。

由加里の場合、ベテラン養護教諭と適応指導教室が距離的にも気分的にも近く、連絡もスムーズに保たれ、親子がそれぞれを使い分けていたこと、などが成功の一因であったのでしょうか。

それにしても、女子中学生が社会人男性と同居するなんて許されることでしょうか。

杓子定規に法律を当てはめるならば、確かに許されることではありません。この地方が黒潮洗う南国で、そういったことがおおらかに見られる気風・風土もありました。だけど、担任が警察沙汰(非行)と見て行動しようとしたときに、父親が反対し、校長先生も制止しました。

校長が率先して違法行為をしたのでしょうか。それとも子どもの育ちを保障したのでしょうか。警察が介入すれば、相手の男性はなんとか条例違反として逮捕され、由加里は不純異性交遊で家庭裁判所送りとなり、非行少女を作り上げてしまったかも知れません。

そうなれば、明るい一五の春が由加里に訪れることはなかったでしょう。難しいところです。この事例が成功例となったのは、いま述べた保健室と適応指導教室との連係だけではなく、法律よりもこの生徒を独立した一人格として捉えた校長先生の腹を括《くく》った決断があった、そのことを決して見逃すことができません。

それでも、日本は法治国家。子どもの成長可能性に信頼を寄せて法の網をかいくぐっていいのかどうか、とても気がかりなところです。由加里の事例も、すっかり時効が過ぎたし、校長先生も定年を迎えられたと知ったので、私もようやく書く気になりました。

第2章　養護教諭のための精神保健術　五〇カ条

1節

保健室はオアシス

1　子どもが保健室へやってくるわけ

どこの学校も、保健室は大繁盛。ベッドが足りなくなってソファに寝かされている子がおり、忙しい養護教諭が充分に相手しきれなくて、生徒同士が相談し合うこともあります。

私は六・三・三制度になって第一回入学の中学生でした。養護教諭のお世話になった記憶は、傷の消毒をしてもらったくらいしかありません。

今も保健室ではからだの健康管理は大きな業務で、春は健康診断であれこれ大忙しです。子どもの生活習慣病も課題ではあります。だけど、中心はこころの問題、という時代になっています。身体症状を訴えている子であっても、その背後に何が潜んでいるのかと推理を働かすことを求められています。

そのような子どもたちが、座る場所がないとわかっていても、保健室へやってきます。

昼休みなどは、保健室がサロンのようになっており、本当に休養を要するこころ傷ついた子どものために、別室を用意しなければならなくなっている学校もあります。のんびりもできない場所に、どうして子どもは群がるのか。

心の水飲み場を求めてやってくる、と例えるとどうですか。いまの学校、教員方が改善へ熱心に取り組んでおられても、子どもたちの心には索莫とした風景に映っているのでしょうか。くつろげぬ雰囲気が漂っているようです。小さな旅人たちには、ちょっと一息入れる場所（オアシス、駆け込み寺）が欲しくなるのでしょう。

大昔の話をしても仕方ないですけれど、私の中学時代は敗戦後の空腹に耐える時期、高校時代も遊びがあるわけでなく、クラスの大半が勉強でも趣味とせざるを得ない雰囲気でした。国中が上昇志向に巻き込まれていました。思えば、一九五〇年代半ばからの中等教育は、企業戦士を飼育する牧場のような趣きもありました。

半世紀以上過ぎた今、学校が息苦しい場所になっていることはよく指摘されています。ゆとりある教育などという施策も体裁はよかったのでしょうけれど、役立たぬどころか、学力低下という別の難問を引き起こしています。そのような教育行政の荒波を避け、校内の潮目を読むため、時に保健室をちょっとのぞきたくなる子どもが多いと思われます。

育ちの安全を護ってやるには、道案内も必要でしょうし、水分補給も、一息する場所も求められます。

2　何を求めてやってくるのだろう

子どもたちは、オアシスへ一息つきにやってきます。本物の怪我もあれば、人工的な擦り傷も持ち込まれます。頭痛や腹痛はどこまで本物か、なかなかはっきりしません。でも、そのときその子が『おなかが痛い《と、訴えている》こと』自体は、事実だということを失念してはなりません。

本物かどうか、鑑別・診断などは医者や病院に任せればいい。子どもの思いや訴えを、養護教諭はまず、素直に受け止めてやりましょう。

ちょっとした怪我でバンドエイドを貼ってくれと、保健室へしばしばやってきていた小学生がありました。不注意な子かなあと思ったりしていたところ、ご両親は破局寸前の状態が続いており、どこか、誰か、自分を支えてくれる縁《よすが》をその子は求めていて、保健室に狙いを向けていた。そんなことがやがて明らかになってきた、という事例もありました。

一〇歳ころまでは、困りや悩みをことばに表現する力量をまだあまり身につけていません。中学生になりますと、言語化の能力をそろそろ体得し始めますけれど、反抗期に入ってきて、親ばかりでなく大人全般に対抗すべく疑ってかかるという鎧を身につけ始めます。

年齢を問わず、子どもは頼りを求めつつも素直には頼れない、という難しさを持っています。初めからことばで勝負する訳にはいかない場合が多いのが保健室。ことばが有力な道具になるのは、後のこと。子どもの行動や暮らしぶりから、かすかな変化を見逃さないよう努めることが、まず求められます。

学校生活が楽しく充実していて、温かく家族に見護られている子どもは、保健室へやってくる必要など特にありません。

事の軽重はともかくとして保健室ではいつも、『わけあり』の子どもたちと接しているのです。「せんせ、聞いてよ」と勢い込んで、あるいはうなだれてやってくる小学生や中学生には、しっかり傾聴しなければなりません。中学校の高学年から高校生にもなれば、後刻改めて、と日程を交渉することも可能になってきます。

保健室にたむろする常連の多数派には、さりげなく軽いアンテナを張り巡らせていましょう。育ちを、暮らしを、見守ってやるのです。さりげなく、という観察眼というか心配りが大切です。「どうかしたの」と尋ねたり、探りを入れられるのでは、子どもは安心できなくなります。

3　学校のオアシス

砂漠では、オアシスはいのちの泉。旅人にとってなくてはならぬ存在。オアシスがなければ、シルクロードも成立しませんでした。異なった歴史が生まれたでしょう。文部科学省からお叱りを受けるでしょうか。学校というところは、過半の子どもたちにとって楽しい場所ではなくなっています。

これほどに索漠となっては、校内に花壇や噴水やビオトープを作ってみても、子どものオアシスとはならないでしょう。子どもが求めているのは、モノではないのです。こころ、という言葉を使いますと、なんだか最近では陳腐な響きを持つようにも聞こえかねません。あいまいで、ごまかしを利かせやすくもなります。

だけど、子どもが本当に求めているのは、こころの交わり・触れ合いなのでしょう。こんなことを言うと今度は、学級王国を誇る小学校の先生からお叱りが出ましょうか。いくら包容力のある肝っ玉母さんのような担任でも、子どもにとっては二〇～三〇対一の存在です。

優しいお母さんのようには甘えることができない。なかなか、そっと肩を寄せるわけにもいきません。学期末ごとに担任は子どもを査定します。年齢にもよるけれど、そのところへ敏感になっている子って、かなり沢山いるのです。このことについては、後に改めてお話しします。

ほんのわずかな、ちょっとしたこころの繋ぎどころ、そういうことのできる人・場所・憩いの雰囲気が学校という囲いの中から失せた時代に、われわれは生きているのでしょうか。そうだとすれば、保健室はますます繁盛することはあっても、閑古鳥が鳴き始めることは期待できません。

このように考えてきますと、保健室は学校のオアシス、一番安心できる居場所と考えられます。校長室はなくても保健室がなければ学校は成立しない、なんだか聖地のようにも感じられます。

だけど、箱としての部屋があるのみでは、意味がない。そこに、有能で心根優しい、こころを読むことの有能な養護教諭がいてくれること、これが決定的な重みを持っています。

どのような人が才ある養護教諭なのか、これについては、このあとでゆっくり考えていきましょう。

4　養護教諭という職業

養護教諭は、明治後期に学校看護婦を採用したのが出発点ということですから、職業としては随分永い歴史を持っています。全国には男性も数十人ほど居られるようですけれど、原則として養護教諭はまだまだ女性の職業です。

学校は随分職種の少ない職場です。その中で養護教諭の特徴は何か。

それは、子どもを評価をしない人ということだ、と私は考えています。学校勤務者で養護教諭と事務職員と用務員は通信簿に査定結果を書き込みません。学校という世界のほとんどの部分が、監視・観察と査定で満たされている中、例外部分ですね。

私は養護教諭が大好きですから、どこでもこの職種を褒めます。すると時には、校長先生などが「教員にだって、人格者で子どもの尊敬を集めている人もいますよ」とおっしゃることがあります。そりゃあ、当然でしょう。どのような職種だって、質は誠にさまざまです。その先に問題があるのです。

親との折り合いが悪くて苦しんでいる中学生が、懐の深い担任に悩みを打ち明けて、真剣に相談に乗ってもらい、師弟間に深い信頼関係が成立した。こういうことは教育現場にはいくらもありましょう。そうでなくては困ります。だけどその担任も、学期末・学年末にはその子の通信簿に数値を記入しなければなりません。

養護教諭はそのような査定という桎梏から解き放たれています。

保健室が繁盛する理由の一つは、このようなところにも潜んでいるのではないでしょうか。

小学校中学年までの子どもにはそこまでは理解できないので、小生意気なことを口にしていても、無邪気なものです。

高学年から中学生のころは、理屈にもことばにもならないものの、こういった微妙なところに何らかの危惧というか安心できなさを感じてくるようになってきます。そのような心配を感じたとき、保健室が安心できるオアシスだ、と肌で感じるようになるのでしょう。

高校生にもなりますと、その辺りをよく理解していて、うまく計算した上で教員と付き合うようになってきます。

『いつも笑顔で優しかった、だから保健室へ行くと落ち着けた』『泣いてしまった時も無理に話を聴かず、一緒にいるだけで心地良かった』、卒業式の後、ある保健室の落書き帳に生徒が残していった言葉です。

気張らず、そのような雰囲気を持ちたいですね。

5　保健室登校の誕生

私の診察室へ、いわゆる不登校の子どもが最初にやってきたのがいつのことか、定かな記憶はありません。昭和四〇年七月に大学病院の精神科で思春期外来を開いたころは、すでに不登校の子どもが何人も来ていましたから、その数年前からだったのでしょう。

そのころ、学校へ行けなくて悶々としていた子どもたちは、たいてい学校アレルギーとでも申しましょうか、学校に関することには全く触れられたくない、担任に訪問されるのも困る、といった状態でした。

こういった事情があったので、不登校児には登校刺激を与えないという原則が何となく作られました。だけど、昭和期の終わりごろからでしょうか、登校刺激を禁じるばかりではいけない、ある時期からは後押ししてやる必要があると語られ始めました。年々増加し、さまざまな子どもが「不登校」に含まれてきて、次第に一筋縄ではいかなくなってきたのでしょう。

そういうこともあって、学校の名前を聞くだけですくんでしまうような重症アレルギーではなく、教室へは入れないけれど、学校までなら辿りつくことができる子どもが増えました。そんな子どもたちの滞在場所として、いつとはなく保健室が利用されるようになりました。

不登校児の世話・支援に養護教諭がしっかり関わりを持ってきたそれまでの歴史が、必然的にこういった結果を生み出したのでしょう。

どの学校でも、校長先生が不登校児へ真剣に取り組み、子どもたちの信頼を得ていたとすれば、校長室登校が定着することになったかも知れません。

保健室登校あり、フリースペースあり、適応指導教室ありと、いろいろなバイパスが用意されているのは、息切れしている子どもたちには喜ばしいことですね。

子どもって意外と、嗅覚が優れているようです。学校まではやってきた、さてどこなら安心できるか。そう考えたとき、「そうだ、保健室ならいいかなぁ」と判断したのでありましょう。

つまずいてしまった子どもに必要なのは、安心できる、寛げる居場所です。何段階かの納得できる居場所を巡っている間に、自分の休める場所、歩める道、歩むべき道を見つけ出していきます。

そうなるまで、養護教諭は不登校の子どもたちに伴走してやりましょう。

2節 からだを活用する

1 からだの意味

日本における養護教諭の源流は、岐阜県が明治三八（一九〇五）年に県下の竹ケ鼻および笠松尋常小学校（両者とも、現存）へトラコーマ防止対策要員として看護婦を二名雇い上げたことにあります。日本赤十字社による小学校への看護婦派遣事業などもありましたけれど、現在の配置義務化が実現したのは、一九四七年に学校教育法が制定されて以降のことです。

半世紀以上の時が流れ、養護教諭の資格取得手段も多様になりました。でも、子どものからだとこころの安全な育ちを学校で看ていく仕事であることに、変わりはありません。

初期の養護教諭は全て看護婦で、からだの問題を扱っていたようです。敗戦から三年目、子どもたちが皆、栄養不良状態だったので、これは大切な役目だったのでしょう。

昨今は、こころの問題が仕事の大半を占めているかの様相になっています。これは、精神保健を語る本ですけれど、まずはからだについて考えておきます。

からだにそっと触れてやるだけで痛みは和らぎ心が和みます。肩がこっている子には、あまり強くなく無手勝流の指圧をしてやりましょう。漢方のツボには当たっていなくてもこころのツボには届き、護られているんだという安心感を子どもは満喫できます。

昔、パック療法という治療法がフランスで行われていました。裸の患者をベッドに寝かせ、全身を温かく湿らせたタオルで包み、看護婦が全身を静かに撫で続けました。この施術によって、患者は底深い安堵感を得ることができた由。治療者から真剣に触られることは、人のこころに大きな変化を惹き起こすようです。

パック療法でさらに驚くのは、患者だけではなく治療者も感動に打たれたという記録が残っていることです。触れるという営みが相互性を持つものだと教えてくれます。

保健室では、脈拍を測ったまま手首を握って話しかける、「肩凝ってるね」と後ろからマッサージしながら「それから？」と話の続きを聴くのも、自然な姿です。

触れる、この行為をもう少し考えておきましょう。『触』という漢字から〈ふれる〉と〈さわる〉と両方のことばが出てきます。似てはいるけれど、微妙に異なる意味合いがあります。

さきの自己流マッサージは、触れる営みであり、あなたにも感じ入るものが湧いてくるでしょう。そんな触れ合いが効果を発揮します。

2　年度初めの健康診断

四月・五月は立て続けに健康診断が組まれていて、保健室は大忙しです。これはどうにも合理化できない繁忙な作業ですね。

でも、一年生の健康診断は、養護教諭にとって、新入生と初見参する大切な出会いの場と心得ましょう。最初の「出会い」はこれから先のお付き合いを決定づける大切な接点、そのような思いで子どもに接したいものです。有能な養護教諭は、春のこの多忙を厭う気持ちを持っていません。

年度初めの健診は、「視る（看る）・触れる・測る仕事」と申せましょう。

身長・体重を測定する、校医の診察を介助するだけでは、単なる肉体労働に終わります。十数年先にはロボットに任せる業務になるかも知れません。でも、貴重な出会いの場をそれだけで終えるのは『もったいない』。

それはともかく、胸囲などが身体検査項目から消え、高校で行われていた背筋力測定も一九九七年で終わりとなりました。なぜでしょうか。

養護教諭二人配置の大規模校では困難かも知れないけれど、小・中規模の学校ならば、子どもの顔と名前を一挙に覚えるためには、春の健診はまたとない機会ですね。

測定作業や校医の診察手伝いを進めると同時に、視る・看る資質を練磨しましょう。コンベヤベルトのようにこなしながらも、子どもの担っている荷物や苦労を見つけることができます。順番の待ち方、表情の動き、張りの乏しい皮膚、などを看る。そこから、子どもの普段の暮らしがあれこれ想像されてきます。

例えば、こころの視力が鋭い養護教諭ならば、次のような子どもを発見することは困難でありません。

＃　被虐待児⇓痣がある、痩せている、清潔さに欠ける、など

＃　基本的生活習慣がついていない⇓親は同居しているかなど、家族背景に留意開始

＃　皮膚に子どもらしい張りがなく、しおれた感じがするのは何故か

＃　落ち着きのない子⇓ＡＤＨＤなのか、しつけの問題か、これから鑑別していこう

＃　高い音に強くおびえる子⇓広汎性発達障害かどうか

人間は精神・身体・社会的存在です。いろいろなことがらをからだは語ってくれます。こころが見えてきます。子どもの生活を、時には家族の姿を読み始める契機となります。

養護教諭にとって、春の健診は子ども情報という宝の山。

3　女性の特権を活かす

目下、養護教諭は女性の仕事です。女性であることの特権を存分に活用しましょう。中学校にもなれば、男子教員が女子生徒の肩に手を置くことも許されません。だけど、養護教諭なら、男の子であれ女の子であれ、子どものからだに触れることには異論を唱えられることがありません。からだに触れることなく仕事をする看護師がいないのと同じです。

ここで注目する「触れる」ということ、これは手掌のみの特権行為ではないことにも留意しておきましょう。手で触れるのと同じくらい、耳で触れる、目で触れるのも、人間関係では重要です。あなたの柔らかな声に触れ、暖かな視線を受けることが、どれほど子どもの支えになることか。

子どもは生まれてから今日まで、両親からいろいろと触れられて育ってきたはずなのに、昨今ではビタミン「愛」欠乏症児が増加しているようです。欠乏症には、与えられること乏しかったビタミン愛を補給してやらねばなりません。そういうことも養護教諭の業務内容の一角を占めるようになってきています。

新生児は、母親に抱かれて触れられる、お乳を飲む際に乳首と触れる口唇部の感触などで安心感を獲得します。いつも変わらぬ優しい母親のまなざしが注がれます。零歳時に味わったこの感触は、臍の緒の落ちた痕が今も残っているように、人間には終生残ります。

養護教諭は、その都度、代理母親になり、触れることによる安心感を提供しましょう。昨今はセクハラという妙な日本語が横行しています。ことばが一人歩きしている困った部分も少なからずあります。

ごく少数ながら、男性の養護教諭も活躍しておられる時代になりました。看護師や保育士の場合を見ても、職種全体として男性が増加するのはとても好ましいことです。もっと増えてほしい。男性養護教諭の役割、持ち味、留意点などは、これから考えるべき課題です。

看護師や保育士なども、かつては女性の独占職でしたけれど、近頃は男性が少しずつ増えてきて、不思議な顔で見られることはなくなりました。保育園や幼稚園でも、男性だからこそできることもあります（子どもと遊ぶ際の力技など）。数少ない男性養護教諭も、頑張って仲間を増やしていきましょう。

⬇１章１節　桃子を思い出してみましょう

4　プラセボの活用

「暗示」ということば、何かうさんくさい響きも帯びています。でも、暗示療法という術語が古くから精神科では語られています。婉曲に断るとか要求するとか、角が立つことのないように暗示的な言い回しを使わない日はないほど、我々に馴染みのことです。

保健室の運営にも暗示は大いに役立ちます。相手は、文学的雰囲気のほのめかしが通用する年頃でもありません。でも、さきにお話したツボの外れた指圧療法が有効なのは、明らかに暗示効果ですね。そのような身体的暗示は活用したいものです。

医療の現場でもこのような身体的暗示を利用しています。プラセボ効果ということばをご存知でしょう。新薬の効果を判定する際に、外見はまったく同じだけれど中身は薬ではない錠剤（プラセボ）を作り、使用者（医者）も被検者（患者）も、どれが本物であるかわからずに処方し、効果を比較します。ほとんどすべての薬において、プラセボにも何パーセントかの治療効果が現れるのです。人間とは、かくも暗示に弱い動物であることを思い返しましょう。

「おなかが痛い」と訴えてくる子どもは少なくありません。からだについての不安が強いとわかっている保健室常連の子であれば、「それ、気のせいよ」で済ませられる場合もありましょう。

その辺りがよくわからない子には、もっともらしく腹部を触診し、便通や食欲などを殊勝に聞いてみる。その上で「いいお薬をあげよう」と言って、丁寧に分包したビオフェルミンを一グラム服用させる、そのような裏技を使う養護教諭と、お会いしたことがありました。

だけど、コンビニに行けばいくらでも入手できる薬さえも、養護教諭から子どもに与えることが禁じられる時代になっています。保健室は力を削がれましたし、子どもにとっても大層かわいそうな事態となりました。

子ども側の被暗示力も計算する必要がありますけれど、こちら側、養護教諭の演技力も問われます。演技力の有無によって効果は異なってくるでしょう。学生時代に演劇部で活躍した養護教諭が有能だというわけではありませんけれど、説得の力、暗示を与える力量は、この職業に大切な裏技です。

裏技で裏をかくのが主目的ではなく、保健室の先生から『贈り物』をもらったという、とりあえずの満足感を子どもに提供することが大切なのです。

5　からだの訴えはまずからだで受け止める

こころの悩みは、成人でさえことばに移して語ることがなかなか難しいものです。どのように切り出せばいいのか、どう表現すれば相手に伝わるのか、苦労して当然でしょう。子どもであればなおさら、ことばで伝えにくいということを押えておく必要があります。

そのようなこともあり、こころの問題、家族の悩みなどは、隠しているのではなくて、子どもはまず身体的不調として感じ、表現することが少なくありません。

そのとき、どうすればいいか。

まずは、訴えてきたからだの不調を、そのまま受け止めてやりましょう。

花子の家族は機能失調を起こしているから、頭痛くらい起こっても不思議でない、などと先回りして心因を求めようとするのは、好ましくありません。

からだの不調を訴える子には、心気症もあれば転換症状もあり、仮病もあります。そういったものをすべて、一旦は、子どもが言う通り、からだの問題として受け止めてやる。仮病なら一度はだまされてやりましょう。その程度の雅量がないと、いまどき養護教諭などやっておれません。

受け止めてくれた、苦しさをわかってもらえた、など、子どもたちの受け止め方は、そのとき、その子によってさまざまです。

そのまま受け止めた次に、何が起こるか。

あなたと子どもの関係性が育ち始めます。養護教諭など《こころの臨床》を業とする者はすべて、相手との信頼関係を築くことが主な業務です。心底の信頼がお互いの間に築かれれば、事業半ばに達したと考えてよろしい。解決の道筋はほどなく見え始めます。

からだに事寄せて訴えていた核心の問題。うかつには口にすることができない、と警戒していたその子の課題。信頼を寄せてくれるようになれば、本心を伝えることばを子どもは懸命に探し始めます。

そこまで待つ、そのような関係が熟成するまで、こころを入れ込む。そのところが養護教諭の力量というものです。精神保健の問題が大半の時代であるからとて、保健室で無理に心因を求めるようなことをしてはなりません。

からだの調子などに、うまく乗ってやることも大切なのです。

➡1章11節　小雪のことが思い出されます

3節

検察官ではなく、民生委員に

1 評価・査定・比較・処分を行わぬ職種

検察官は、原因やいきさつを明らかにし、黒白を明確にするのが仕事です。民生委員は、住民がどのような経緯で貧しくなったか、高齢化で生活が困難になったのかなど詮索せず、いまこの人は困っているのだと判断してお世話を始めます。

学校勤務で、子どもを数字によって査定することがない人は、少数です。そう、養護教諭は子どもを評価・査定・比較・処分を行わない人であることを忘れてはなりません。このことも、保健室をオアシスにしている一因であると思われます。

全国を旅していますと、まれに検察官のような養護教諭に出会うこともあります。どのような職種にも例外はあるものです。

でも本来、養護教諭は学校の民生委員といったような存在で、困っている子、苦しんでいる子に寄り添い、どうすればこの子の苦痛を軽減してやれるのかと懸命に考え続けます。

かつて、とっても体格のいい小学校の養護教諭とお話していて伺いました。あまり言うことを聞かない子どもには、「ようし今日は、先生がお仕置きしてやるよ」といって、両腕でぎゅうっと子どもを抱きしめるのだそうです。豊かな胸の中で子どもはあがき、「やめて、やめて、もうしないから」と約束してくれる、とその先生は笑っておられました。これは、お仕置きではありません。

ちなみに、この先生がそんな話を聞かせてくださったのは、それに続く言葉のためです。「このごろお仕置きすると、嫌がらずに、うっとりと抱かれている子が出てきたの。親に護られていないのね」というお話。十数年も前のことです。

少し、話が脱線しました。元へ。

検察官ほどに厳格ではなくても、生徒指導主事かといぶかる養護教諭に時として出遭うことがあります。どちらも学校の健全運営には欠かせない職務を持っているのですけれど、座標軸は少し異なりますね。この区別をいつも忘れないようにしていたいものです。

子どもが示す言動の背後に動くこころの揺れを察し、その背景となっているご家庭の事情を読み、子どもの今日までの歴史を読む。その上で、この子に、自分は、学校は、今、どのような支援を提供してやることが可能か、これを考えるのが、養護教諭の仕事ですね。

2　生活全体を俯瞰する

あまり使われなくなりましたけれど、鳥瞰という言葉があります。鳥の目を想定して、そこから対象を眺め直してみようと想定することです。鳥瞰図をこころに描く、などとも言います。

いま、目の前で起こっている子どもの問題を狭い視野で捉えていてはなりません。テレビ業界の言葉を用いるならば、ズーム・アウトして眺め直す作業を繰り返す必要があります。ズーム・インすれば、眼前のことしか見えない。子どもの全体像、日々の暮らしぶりなど背景が見えてこなくなります。養護教諭がそうなっては困るのです。

学校での友だち付き合いはどうか。これは担任や同級生から自然に伝わってくることが少なくないでしょう。まったく伝わらないのであれば、捜査ではなく、さりげなく山田クンってどんな子ですか？と担任に尋ねてみるのもいいでしょう。

同様に、気がかりな子どもについては、学校外での表情、暮らしも知りたくなります。

この章の5節でご一緒に考えるつもりですけれど、『家族の中の子ども』という視点を忘れてはなりません。そのような家庭生活なら、しばしば遅刻するのも無理ないことだな、だけど、どうすれば改善できるだろう、と考えを進めます。

前章4節に登場してもらったお母さんのように、午前三時に帰宅する勤務状況であっても、朝食を食べさせて登校させる、きれいなお弁当を作ってくれる方もおられます。世俗的な先入見で家庭内を想像してはなりません。

家族を考えるというと、何人で生活していて、それぞれの関係性はどうかということに関心が向きますけれど、生計事情に気配りしておくことも大切です。こうすれば理想だけれどあのお宅の家計では無理ということを提案すれば、相手のこころ・体面を傷つけることになります。

ここまで視野を広げますと、子どもと二人のときの話題も変わってくるでしょう。保護者と面談できれば、子どもの育ってきた筋道を辿ることが可能になる場合もあります。中学二年生には一三年の歴史がある、そういった視点を維持しましょう。

そうなれば、目下の主題となっているいじめ・リストカット等々に関心を集中させてしまうことなく、子どもの生きざまを幅広い視点で眺め直すことができるようになります。

➊1章4節　太一や、5節　寛子を思い出してみましょう

3　原因探しをしない

養護教諭は、問題の原因探しをする職業ではない、と私は確信しています。前項で話しましたように、長い生育物語のひとこまとしての『いま』を眺め、手を差し伸べる仕事、です。検察官ではないのです。家庭裁判所調査官的、とは申せましょうか。

この子は、なぜ万引きしたのだろうかと考え始めますと、あれこれ情報を集めはしましょうけれど、視野が狭くなります。子どもの悪い面ばかり探るようになりかねません。あんな優しい面もある子なのにどうして?、ということが記憶の隅から浮かんでこなくなります。

裁く目と見守る眼。これは、まったく異なります。厳しさと優しさだけではない。裁く（捌く）視点では目つきが客観的（非共感的）になります。

養護教諭は、三人称で子どもを見てはいけない、と私は考え続けています。常時、記録をまとめているときでも、太郎君のことが思い浮かんだときには二人称で彼のことを考えるようにしましょう。そうすれば、捌く目はしぼみ、子どもを包み込むまなざしになります。

反社会的な行動（非行）を起こせば、事実関係を明らかにする責務が学校に負わされます。だけどそれは、養護教諭の仕事ではありません。子どもをかばうのではなく、原因探しの部分は管理者や生徒指導担当者に一任しておく作業です。

犯罪は原因を辿らないと、処罰できません。病気は原因を明らかにしないと、適切な治療計画を立てることができません。

だけど、保健室で付き合う子どもたちは、問題の原因が不明なままでも、付き合い続け支えていくことができます。そうして交流が続き深まっていけば、おのずと原因（らしきこと）が見えてきます。養護教諭は、この順序を間違えてはなりません。

根拠がなければ正確な対処ができない、というのは最近の医療で流行っているＥＢＭ（根拠に基づく医療）であるべきだというもっともらしい怪しげな論法です。ＥＢＭという言葉が元来持っている意味は、必要のない不確かな治療を行ってはならない（Ａ・コクラン医師）ということなのです。『数字で計測できる根拠』を求めるのではないのです。

原因を突き止めなくても、子どものこころに寄り添うことは可能です。極上練達の精神科医として名を馳せておられる中井久夫先生は『治療できない患者は沢山いるけれど、看護できない患者はいない』と喝破しておられます。保健室の営みも、これと同じです。

4　目の前の現象に振り回されない

多動や拒食による痩せた姿を毎日見せられていると、疲れます。恐喝・売春・万引きをした子どもの前に立ちますと、こころが大きく揺らいでも無理はない。

だけど、養護教諭まで動転していては、当の子どもを支える人がいなくなります。ギュッとベルトを締め直す思いで、穏やかな表情を維持するよう努めましょう。

その子がしでかした行動の『大変な』部分は、管理職・生徒指導主事・担任に任せます。警察の取調べがあって子どもが学校にいない場合、家族（も、警察へ呼ばれているかも知れないけれど）と連絡をとり、動揺を鎮め、冷静に対処できるよう手伝うことは、おそらく養護教諭以外にはいないでしょう。

もっとも、肝心の管理職が現場を管理できなくなったという事情に出会ったこともあります。

授業中に校内で生徒が自死した高校がありました。校内全域・全員パニックです。統廃合に向けて管理・統率には辣腕を振るっていた校長、駆けつけた自死生徒の父親と抱き合って泣くばかり。管理者であることをすっかり失念していました。直前に心肺蘇生法の講習を受けてきた教員は、現場で石像のように立ち尽くしていました。無駄な心マッサージを続けていた体育教師を制止したのは、養護教諭でした。

　それから、当日の一件落着までを仕切ったのは同校の養護教諭でした。緊急事態に対処できない管理職も困りますけれど、看護師としての経験もある養護教諭がそれを代行したことは注目されます。火事場で冷静さを保ち得る才覚を日常の保健室業務によって鍛えられたお蔭で、大混乱に巻き込まれることなく彼女はその場を納めることができました。

　事故報告書を提出して、管理者がそれなりの処分を受け、沈うつな気分が流れる内に学校業務が再開した後、養護教諭のトラウマが残りました。危機当日きつく自己制御していた紐が内圧に耐えられなくてゆるみ始め、切れたのでしょう。当然です。

　彼女が安定を取り戻したのは、仲間と共に事件の事例検討を行い（筆者も参加）、問題を整理し、うかつには口外できないことも仲間内だからと、すっかり吐き出すことができた一日でした。

　これほどの出来事に遭遇するのは、ほとんどの養護教諭にはないことです。でも、自然災害を含めて何が起こるか予測できないのが人間の社会です。どのような場合にも沈着さを維持する修練、事後に支えてくれる仲間を確保していることは、とても大切ですね。

5　受容がいのち、だけど枠組みも忘れずに

この節では、子ども側に立つことを強調してきました。甘やかしに繋がらないかと心配なさった方もおられましょう。

当節、カウンセリングの講習会等へ出かける養護教諭も少なくないようです。そのような場では『受容と共感』がお念仏のように唱えられています。これは対人関係業務のすべてにおいて大切な鍵概念です。

だけど、受容するばかりでは保健室が持たない、ということも忘れてはなりません。そのようなことをしていれば、保健室が崩潰することだって想定されます。

受容と、わがままを受け入れることとは、別次元です。

中学生など（時に、幼い高校生）の反則行為には、「ボクのイライラを何とか止めて」という無意識の叫びという場合だってあり得ることを、われわれは知っている必要があります。そのような若者に、「あなたのイライラする気持、わかる」などと付き合っていれば、若者の衝動性は強まるばかりです。

社会（学校）生活をしていく上で、ここから先は決して許されない、そのような一線をしっかりと教えてやることも、養護教諭を始めとする学校勤務者の責務です。

パワフルな養護教諭で、いささか自信を強め過ぎていた方がおられました。イラつく中学生に「そのような脅しに私は乗らないよ。やれるならやってみな」と啖呵を切ってしまいました。火に油を注ぎ、殴る蹴るの暴力沙汰が生じました。養護教諭は救急車で外科へ緊急入院。生徒は駆けつけた警官に取り押さえられ、家庭裁判所送りとなりました。

生徒のその後は知りませんけれど、からだの傷が癒えてもこころがなかなか回復できない養護教諭は、一年間休職となりました。安定した小規模校へ配置転換してもらったり、周囲の配慮を受けて、普通の勤務に戻ることができるまでに五年間を要しました。

自信・自負・覚悟とは、言葉として勇ましくかっこいい響きがありますけれど、誤算が生じることもあります。

あれもこれも制限していては養護教諭でなくなります。逆に、受容も過ぎれば、とんでもない事態が起こりかねません。どこまでは受容してやるか、どこで枠づけしてやるか。この見極めの術にマニュアルはありません。実地で体験的に学びを重ねていくことです。

4節

聴き上手になるために

1　養護教諭は説得・説教が本務ではない

『沈黙は金、雄弁は銀』という諺がギリシャの時代から語り継がれ、今に生きています。黙っているのが最大の分別、喋り過ぎるとつい失言もしてしまう、といった意味合いの言葉として語り継がれてきました。

もとの意味はともかく、養護教諭を含めてこころの臨床に携わる人にとって、雄弁は銀どころか、緑青に包まれた銅です。心に届く説得力、とは別次元の問題として。

養護教諭は、子どもを説諭する仕事ではありません、時に説教が必要な場合はもちろんありますけれど。でもそれはなるべく管理職に任せましょう。だって、お説教したり叱ったりなどで解決する程度の半端なことではない話が沢山、保健室には持ち込まれてくるのです。

上から下へ恫喝する役周りは、世間に数多く用意されています。それとは逆の、素直に先入見なく白紙で聴き入ってくれる人は、子どもの周りに意外と居ないのです。基本的に、養護教諭は、聴かせてもらう職業と心得ましょう。

『聴かせてもらう』、このことばで阿刀田高の短編小説集『おとこ坂　おんな坂』第一話「独りぼっち」の一節を思い出しました。老女が独りで小さな居酒屋をやっていて、さまざまな客がぼやきにやってくるというお話。

この先、どうなるのかしら、と思案が絹代の脳裏をかすめたが、多くは問いただ
さないのが、「酒どころ絹代」の方針だ。方針というより身に付いたやりかただ。た
だ相手の言うことに耳を傾ける。すなおな心で聞き入る。それだけのこと。

人生の苦節を経てここまで練り上げられた女将は、昨今なかなか見当たりません。
これはもはや文化財的な存在です。有線放送やカラオケのない飲み屋も激減してしま
いました。

保健室はそんな悠長なことを言っておれない、とお思いの方も沢山おられましょう。
保健室は野戦病院風だったり、養護教諭自身が心身症に追い込まれたりするくらいで
すから。

でも基本は、女将絹代のような基本姿勢・態度・構えを求められる職業である、と
私は信じて疑いません。『それだけのこと』なのだけれど、そこが誠に難しい。

2　無言の行にも耐える

ある対人関係業の人たちと勉強会をしていたとき、「聞くだけなら楽なこと」とおっしゃる若い人に出会って驚きました。その逆で、受け身で聴き続けるという作業が、いかに大変な、そして苦痛を伴う作業であるか、練達の養護教諭ならよく理解しているところです。

聴く作業が成立するには、相手が話してくれなければなりません。

でも、苦しい話題ほど、ことばにすることが難しいものです。ことばに置き換えることができたとしても、それを口に出して相手へ伝えるには相当の勇気・覚悟が必要です。

だから、保健室へ「話を聞いて」と言ってやってきた子どもを相手にするときでさえ、沈黙の時間が流れることも少なくありません。この無言に、どう耐えるか。なかなか苦しい作業です。どこまで待つことができるか、一人ひとり、読者の方がたは胸に手を当ててご経験を思い出してみてください。

「聞くだけなら楽」という人は、相手のことばを聞き流しているのでしょうね。恋の告白から犯罪人の自白まで、思い切って語られる言葉は重い。聞き流されると、語り手は尊厳を否定されることになります。そこで問われる技は、どこまで謙虚になれるか、こちら側の素直さ、などでしょう。

カウンセリングを始めてほどない人たちは、そういうときに、ついつい問いかけや語りかけといった『介入』をしてしまいます。

いのちの電話という大切な仕事があります。自殺予防を目的とした相談電話活動で、日本でも四〇年ほどの歴史があります。ひたすら聴くに徹し、事情を聞き出すとかお説教は一切許されません。ところが、一〇年、二〇年と経験を積んだ電話相談員でさえ、体調がよくない、相手の態度で不快な気分が湧いてきている、相談が一時間を越えた（疲れてきた）、となりますと、ついつい説得を始めてしまう場合があります。

電話相談では相手が見えないし、どのような人かわからないし、真面目に語っているのか作り話なのかさえ定かではありませんから、大変です。

それにくらべれば、保健室で子どもと対面するときは、相手を目の前にしています。子どもの表情、姿勢、身振り、体のゆれ、しかめ顔、視線の揺らぎ、まばたき、ため息など、子どもが漏らすメッセージを沢山受信できるのです。

子どもが発するかすかな発信を大切に。

3　聴くことの意味

あわただしい立ち話、廊下を歩きながらの相談事も沢山あります。でもゆっくり話し合う場合には、相手の語りに含まれている意味や語ろうとしている物語りだけでなく、《声音《こわね》》にまで聴き入る努力をしてみましょう。語られる現実や事実にではなく、信頼できる人に語ってみたいという、子どもの思いに寄り添うことが肝要です。

講演とか体験発表などを聞いて、感動したり涙を流したり、あるいは大笑いしたということは、どなたにもありますね。あれほど大きく心を動かされたのに、一週間後に思い出そうとして、はて、どんな内容であったか、詳しくは思い出せなかった、そういうご経験はありませんか。

落語の名演に聞きほれたときなども、似たようなことが起こります。筋書きは至って簡単なのに、どうしてあんなに笑ったり泣いたりしたのか不思議に思うことがあります。

そういう場合に人は、話の筋書きや内容を追って心を揺るがしているのではなく、噺家の語り口や声音や所作に酔っていたのでしょう。

しんみり語りを聞く、切々と訴える子どもの嘆きに付き合うことが保健室では起こります。

子どもが何を訴えようとしているか把握するのはとても大切です。それと同時に、子どもの声音に寄り添ってやることも、とても大切な営みです。

コーラスや室内楽を趣味としておられる養護教諭もおられましょう。その方々には、このところをよくご理解いただけると思います。コーラスや室内楽は、アンサンブルの楽しみです。単に楽譜通りの音を揃えていたって大して面白くないし、聞いていても愉しくはありません。

アンサンブルで大切なのは、他の人たちの音にこころを澄ます、相手の演奏に応じてこちらも音色を微妙に変えていくことです。趣味のクァルテットに一人プロが加わりますと、その人だけが突出します。でもその人が、達意の演奏家であれば、素人の音色と技量に合わせるように演奏を変えていくでしょう。

相手の音や声をしっかり聴いて、自分の声やこころを変化させていく。

流行りことばを用いるならば、これこそカウンセリング・マインドなのでしょう。共鳴して良いハーモニーを作り出すには、まずは、しっかり聴かねばならないのです。

4　聴いてどうなる？

子どもの語りを聴いてやったからとて、直ちにどうなるというものではありません。精神療法をしておりますと、医療の範囲を超えた個人の窮地にお付き合いすることもあります。そのようなとき、医師としては何もできぬと承知で、相手にそのことを伝えた上で、数時間お話を伺うことになります。真剣に聞かせていただいていますと、いろいろと御教示ありがとうございました、とおっしゃって帰られる方があります。こちらは何も回答・助言などしていないのに。

ここで、当人の内発的努力で自ら回答を見出した、などと理屈っぽいことを考える前に、聴くことが持つ威力にこちらも驚かされます。

仲間や家族につらい思いを聞いてもらった、それだけで、ホッとなさった経験をお持ちではないですか。胸の内を吐き出させてもらう心地よさと安堵感は、人間にとって結構大きなものです。聴き手側には、そのようなことを他ならぬこの私に語ろうとする気持ちによくぞなってくれた、信頼感を受けたことへの感謝が残ります。先述絹代の話を続けます。

「ええ。」

こんなとき絹代は否定をしない。いい加減な慰めは吐かない。現実は現実として受け入れ、そのうえでなにかしら心を注ぐ方法を考える。じっと相手を見つめ、

「わかります」

その気持ちだけを伝える。


こういう聞き方があって初めて、聴いてどうなるか、が論点になり始めます。この子の話を聞くだけでどうなる？　道筋を伝えてやらねば、行動で手助けしてやらねば、そんな気持ちが頭をもたげてくる段階では、聴くことの効用を検討しても始まりません。

助けなければと思うと、自由度がとたんに低下します。子どもではなくて大人の軸足で考え始めることにもなります。養護教諭に話を聴いてもらったと子どもが感じたときは、『受け止めてもらった』という満足感を味わっています。受け止め、わかってもらったという安心感・満足感によって、子どもの中に新たな力が湧き始めます。

⬇1章10節　ゆきこがフト思い出されます

5　映像作家になってみよう

養護教諭は、聞き上手になるよう努力しなければなりません。どうすればいいか、難しいところです。まずは、相手の語りと自分の発言と、どちらがより長くなっているか。所要時間を比較する練習が手っ取り早いでしょう。なるべく相手に喋ってもらい、聴くことの面白さを体得するよう練習したいものです。

聞いて、それからどうするか。

作家が小説を作るとき、資料を沢山読み込んで、いろいろな人に取材し、物語の筋道を立て、そして執筆を始めます。

映像作家は、繰り返し脚本を読み、こういう情景を作ってみてはとか、この会話にこんな性格・職業の人物を立ち合わせてみるとどうなるかなど、想像を膨らませ映像を組み立てていきます。

養護教諭の聞く仕事も、映像作家に似ているのではないでしょうか。

子どもの語りに耳を傾けながら、この子の家庭を心に描いてみる。この節の初めに引用したところ、これからどうなるかと思案が脳裏をかすめても、『多くは問いたださない』のが練達女将の技でした。聴き方については、養護教諭も「酒どころ絹代流」

の技を持ってほしいものです。

この先どころか、今、どうなっているのかにも、はらはらさせられることがしばしばあります。でも、腰をすえて話し合う営みが始まれば、解らないところはそのままにして、じっと情景を映像化しながら、情報不足を想像で補っていきましょう。問い質すという行為に出ますと、警官の事情聴取に似てきます。子どもは心を閉ざすかもしれません。

そうではなくて、無防備に語ることができる状況を二人の間に成立させたい。

あいづちを打つ。まれには首を軽く振る。絹代の、このさりげない対応が相手の心を寛がせるらしい。半端な気持ちで聞いているわけではない。いつも熱心に自分がその立場だったら、と考える。

ある保健室で読んだ落書き帳から、子どもの想いを。『自分のために必死で叱ってくれた。だけど、悩んでいたときにはきちんと聴いてくれ、「こんないい子はおらん」と言ってくれた。』練達女将とはちょっと、違いますね。

叱るときもある、一言添える、ということも養護教諭には必要。

5節

家族という歴史

1　孤児にも家族はいる

地上には、さまざまな恵まれない子どもが暮らしています。生まれたときから親に面倒みてもらうのが当たり前、と普通に暮らしている人は思っています。それは理想であって、そうはいかない子どももいます。乳児院に保護されてから、名前と誕生日が与えられ、戸籍が作成される子もいます。生物学的な親は居るに違いないけれど、探しようがありません。施設の中で人生を歩み始める子ども。職員が愛情を注いで充分に世話をしていても、小学校の中・高学年にもなってきますと、自分はどうしてここで暮らしているのだろう？　同級生は皆、家があって家族がいるのに？　と疑念を抱き始めます。周りの支援で、次第に自分の命運を感じ、事情を少しずつ理解し始めます。かすかでも手がかりがありそうだと思った子は、出自を探し始めます。やがて思春期を迎えます。ますます親への思いがつのります。

保護されてから急いで戸籍が作られた子も、どんな人なのだろうと親イメージを探ります。鏡で自分の顔をまじまじと見つめて想像をたくましくしたりもします。施設職員や周囲の人たちも、そのような行動をどう支えてやればいいのか、大層苦労します。

このように、探しようがないと理屈では理解している子も、イメージでもいいから親探しをするのです。

家族の中で普通に育っていれば、この年ごろには反抗期を迎え、親に逆らったり嫌がることばかりするなどして、親と自分との関係を組み直しています。そのような時期、懸命に親像を創作しなければならない子は、本当に不憫です。

子どもにとって親とはそれほどに重い存在であることを、ここで教えられます。普通に育っている子は、目の前に実在していることを信じていられるから、親に向かって自由に反抗期をやっていることができるのです。

子どもを考えるとき、家族を抜きにして話を進めることはできません。

加えて、子どもの心の中に描かれている、なかなかことばに移せなくて時には本人も困ってしまうような、イメージとしての母像、父像が思春期の子どもの育ちに大きく影響します。そのところをしっかり読み取る努力が養護教諭に求められているのです。

2　家族の関係を辿る

子どもが語る家族へのぼやきに耳を傾けていますと、随分大変なご家庭なんだなぁと、ついつい子どもに思い入れをしてしまうことがあります。

他方、家庭訪問してお母さんと話し込んでいますと、まるで異なる話を聞かされ、結果として子どものわがままな部分が見えてくることだってあります。

親と子と、それぞれの事情や実体を客観的に冷静に了解するということは、なかなか大変な作業です。

家族それぞれに言い分があります。各人の事情もあります。そういったところを過不足なく見明かしていくには、どうすればよいのでしょうか。

法廷で弁護士と検事の厳しい論戦が行なわれるときですら、どちらかに百パーセントの利があるというようなことは、あまりないものです。

人の語りから筋書きを適切・妥当に読み取るためには、独りひとりの立場、語り、思いを相対化して、全体のバランスの中で読み込んでいく必要があります。

保健室で子どもと付き合うときも、事情は同じです。

人間の営みには《絶対》などありません。家族の関係もしかり。ですから、日常業務において、子どもについてこの家族は「こうに違いない」と断定してしまうのは、とても危険です。

子どもをとことん信じることと、これは矛盾するものではありません。

子どもはこう言う。お母さんはああ言っている。

二人の間でどんな緊張関係が生じているのだろう？

そのところに目を注ぎたい。

すると、お父さんはどう思っているんだろう、という不思議さも湧いてきます。

このように、個人の人となり、いま担っている問題などを注視するのではなく、家族内でのそれぞれの係わり合いのあり方、関係の変化に、より強い関心を注いでいきますと、それまで以上に家族の実像が立体的に浮かびあがってきます。気になる子の家族図（ジェノグラム）を描いてみて、いま把握できている情報をすべて書き込んで、じっと見つめることも一策でしょう。

ヒトのことを日本語で人間と書くのは、人と人との間に人の本当の姿が浮上するという、暮らしの知恵から生まれてきた用法であるのでしょうか。（本当は、仏教用語で「ジンカン」と読む。）

3　家族の歴史を辿る

息子が万引きで補導されたことで、家族は大騒ぎになります。「うちの子に限って」と、お母さんは泣きながら否定しようとあがきます。父親は、「お前のしつけが悪かった」と配偶者をなじります。

境界例の娘がしでかす大きな行動化が連続しますと、家族全員が疲労困憊。眼前に展開されつつある修羅場ばかりを注視していますと、家族の混乱に養護教諭まで巻き込まれてしまいかねません。

そういうことを防ぐため、家族の成り立ちを遡っていく作業を試みてみましょう。ここ数ヶ月のことだけをいつまでも見ているのは、よろしくありません。

そのような見方に傾きますと、反抗期で親子が対立し始めていたからこうなったとか、夫婦関係が危うくなりかけていたことが原因だなどと、マスコミ的・短絡的な、無理強いの因果関係を求めやすくなります。これは、こころの臨床における初歩的な落とし穴です。養護教諭がそのようなところにはまってはなりません。

親とじっくり話し合う機会が与えられたときには、ご両親のなれそめ、この子を身ごもったときの思い出、父・母それぞれが、この子の年ごろだったときにはどのような暮らしをしておられたか、どのように育てられてきたかなど、一家の家族史をご一緒に辿る営みを続けたいものです。

もちろん、「お見合いですか、恋愛結婚ですか」などと問い掛けるようであれば、検事調書作成作業と同じになってしまい、相手も心を開いてくれません。

いつとはなしに自分史語りをしたくなる、そのような雰囲気が、じんわり拡がっていく。そこに、経験豊かな養護教諭の技が活かされるのです。

子どもが今、足を取られている事柄ではなく、その子を取巻くご家族の来し方を思い返し振り返っていきますと、子どもを縛っている足枷の由来も、何となく感じられてきます。

因果関係を理解するのではなく、成るべくしてなったという状況の流れを汲み取る作業です。だから、それによって解決手段が直ちに見えてくるわけでもありません。

ご家族の歩み来たった命運にしばらくこころを寄せ、息遣いに触れる。そのとき、何が見えてくるか、人さまざまなのでしょうね。

➊1章2節　早百合や、5節　寛子が思い出されます

4　親はあなたより永くこの子を見ている

家族の枠組みで子どもを観る、家族の歴史を辿るなどをしていると、ついつい子どもびいきになってしまう、それは、養護教諭の業《ごう》とでも申せましょうか。客観的に冷静に眺めているだけでは、子どもの心をつかむことができませんものね。実は、臨床の場では精神科医だって同じです。

子どもへの思い入れが強まれば、つい失敗してしまうことも起こります。

子どもの行動をどう理解するか、これからどのように指導していくかなどについて、親御さんと学校側で意見が異なってくることも時として起こります。

実際、児童虐待の加害者ほどではなくとも、子どもに無理解な親は世間に沢山います。

お母さん、時にはお父さんと、何回もお話し合いしていますと、そのような見方をされては子どもがかわいそう、などと感じてきたりすることもあります。この子が何を苦しんでいるのか、お母さんはよく理解できていないんだ、などと専門家意識が先走ってしまうことも少なくありません。

客観的に見て、あるいは、後に明らかになる事実から、養護教諭の見立てが正しかったと判明することも、確かにあります。読みが的中することがないと、こころの専門家とは言えませんものね。

だけど、中学二年生の子と付き合っているとき、あなたはこの子と出会ってからせいぜい一年数ヵ月、そのことを忘れてはなりません。

お母さんは、この子を一三年見てきたという事実の重みを、しっかり見据えておく必要があります。妊娠してからを考えれば、一四年のお付き合いをしておられます。専門家としての観察眼でも太刀打ちできない重み、そういったところも、時にはあるのです。

お母さん（お父さん）の無理解を責めたい気持になったときには、現実というか、この一般論をちょっと思い出しましょう。

お母さんの語りが実際の情報と食い違っていることもあります。そのようなときに、母親は嘘をついている、虚偽の語りをしていると非難する前に、「どのような事情があるのかわからないけれど、お母さんは、いま、そのように思いたがっているのかな」と親の心情を辿ってみる努力が求められます。

⬇1章13節　篤が、フト思い出されます

5　家庭訪問の技

家族を理解する、家族に関する情報を集めるには、ご家庭を訪問してみる以上の方法はありません。

保護者に学校までご足労願うことがよくあります。そのような場合、程度の差はありましょうけれど、ご家族はよそ行きの顔、服装、言説を見せます。

だけど、家庭訪問を受け入れていただいて、お宅へ参上しますと、普段着でのお付き合いをして下さいます。親にとって、学校はわが子を人質に取られている相手の城。自宅は自分の城。緊張はより少なく、素顔をのぞかせます。本音の話を拝聴することが可能になります。

その分こちらも、いろいろと覚悟が求められましょう。

面接というものは、ことばだけではなくて、あれこれ非言語的コミュニケーションが多用されます。それと同じように、ご家庭を訪問すれば、お話を伺うだけで戻ってきては、あまりにも『もったいない』ことです。

いつも、流行りの衣裳で小ぎれいにお化粧して学校へやってこられるお母さん。お宅を訪問してみたら、家中ごみの山だったという例がありました。いままでは、「ごみ屋敷」ということばが用いられているようですね。校長先生まで参加して大掃除することから、その子の指導は始まりました。

立派な門構え、玄関は磨き上げられ、秋田杉を輪切りにした大きな衝立てが目につきました。ところが、居間に通していただくと、うっすらと埃がたまり、ちょっとかび臭いというか、まず風を通したくなるように空気がよどんでいる、そういうお家がありました。

学校では気丈な女性に見えたお母さん。ダイニングキッチンのテーブルで向き合うと、くたびれた風情で、ぽつりぽつりとご家庭の苦労話を語り始められました。

虎穴に入らずんば虎子を得ず、などと気張らなくても、相手の土俵に入って子どもの問題を保護者とご一緒に考えるのは、養護教諭の基本姿勢です。

それに、ご家庭の雰囲気や空気からことばにはならない沢山の情報を、ベテランの養護教諭は仕入れてきます。事実確認を超えて、生活の香りを嗅いでくる。そのような嗅覚を磨くことも求められています。

ただし、担任の許可を得ずに養護教諭が家庭訪問することは、決してなさらぬように。

➡1章7節　里子が思い出されます

6節

秘密ということ

1 職業としての守秘義務

医師は刑法で、看護師は保助看法で、公立学校教職員は地方公務員法で、など、職務上知り得た個人情報を他人に漏らしてはならず、違反には罰則が設けられています。改めて大仰な法律談義を持ち出さなくても、友人・知人から真剣な面持ちで相談された、うかつに人には言えないような事がらは、誰にも語れるものではありません。これは、法律を超えた、人倫に関わることです。

他方、噂話ほど面白い話題はない、という厄介な性《さが》を人間は持っています。また、あなたにだけ、と言われて告げられた秘密を独り荷っていくことは、とてもこころの疲れる作業です。

保健室へやってきた子どもが、思い詰めた表情で「誰にも言ってないんだけど……」と前置きして告白したとき、あなたはそれをどのように受け止めますか。もちろん、表情は真面目になりましょう。ちょっと待ってね、と言って、保健室の入り口まで「処置中、入室お断り」などの札を下げに行かれましょうか。目立たぬよう、数回深呼吸します。

穏やかな表情を保ち、柔らかな視線を子どもに向け、全身を耳にして、子どもの語りを聴かせてもらいます。その後は、語りの内容によって異なってくるでしょう。

　年齢由来の知識不足で、深刻なものと思い込んでいる場合もありましょう。そのようなときも、笑って「山田君、それは心配し過ぎよ、大丈夫」といなすのは好ましい対応ではありません。

　その年齢なりの自尊心があります。子どもの尊厳性を大切にしたい。そうすれば、子どもに語りかける言葉も異なってくる。

　じっくり聴いた上、いろいろな例を挙げて思い込みをほぐしていき、「明日の一時間目に、もう一度話し合おうよ」と納得させて、一晩の時間を与えてやりましょう。

　中・高生になると、稀には、独りで背負い切れないような相談も舞い込みます。「これ、万引きしてきた」「生理が三週間遅れているの」などと言われますと、動転するこころを抑えるのに苦労します。

　それは大変、管理職へすぐ連絡しなければと考えるのは、初心者ならいざ知らず、経験を重ねつつある養護教諭が採る行動ではありません。あわててしまった、独りでは無理、と決め込んで他人を巻き込もうとする逃げの姿勢です。

2　この子が私に打ち明けたのは、なぜ？

こころに秘めたことを他者に打ち明けるには、いろいろな場合があります。保健室へやってきて、違法行為をやらかした、妊娠の心配があると子どもが打ち明けたときはどうか。

人気のない時間帯を見計らってこっそりとやってくる相談、これにはいつも、丁寧なお付き合いが求められます。まずは、他愛ない話題であっても、訪室の秘めやかさを考えれば、背後に何か重い話が控えているかも知れないとまず計算します。

非行行為や妊娠など、その場だけで収めることのできない問題であれば、養護教諭の全身に緊張が走って当然です。緊張状態であればなおさら、あわてることは禁物。多くの方は、それほどまでの緊迫に遭遇することなく定年をお迎えになるでしょう。でも、人の世界、いつ、何が、どこで起こるかわかりません。そのときの度胸をつけるため、退職金を受け取る日まで修練を続けましょう。

社会規範を超える逸脱行動に直面したとき管理者に報告するかどうか、大きな課題です。

前章の終わりに紹介した子とその相手は、どう考えても法に反する行為です。でも、父親が覚悟を決めたこと、その父親が相談に行った恩師の校長が肝の据わった人物だったことが、養護教諭の自由な行動を保証してくれ、結果として女子中学生を非行少女に仕立てることを避け、若い主婦に育てました。まさに、運命の岐れ目でした。

私はまだ出遭ったことがありませんけれど、その他の非行行為の場合でも類似の分岐点があるのではないでしょうか。学年主任や校長に報告すれば立場上、直ちに警察署へ連絡を取ることになります。

養護教諭がじっくりと話し合い、彼（女）の行動にはどんな背景があったのか、どうしてそのような行為に走ってしまったのか、生徒と二人で真剣に話し合いましょう。すると、二人でこっそり駐在さんとか県警少年課の相談員のところへ行って、事情を話し、ガツンとお説教を喰らって一件落着となることもありましょう。そのような場合、校長への報告は、卒業式の午後。

養護教諭として何よりも考えなければならないのは、この子はなぜ、他ならぬ私のところへまず相談に来たのか、このことです。

あなたへの深い信頼がなければ生じることではありません。

➡1章15節　由加里が思い出されます

3　嘘の背後に何がある

養護教諭のところへ持ち込まれる相談には、前項で話したような、深い信頼関係があったからこそ告白できた、といったことばかりではありません。

養護教諭がだまされることだってしばしば起こります。引っかき傷を自分で作ってバンドエイドを貰いにくる子から、自分を悲劇のヒロインに仕立てた家族秘話を延々と涙ながらに聞かされることまで、誠に多彩です。

保健室へやってくる子どもの訴えや語りについて、一つひとつ本当か嘘かを鑑別診断していたのでは、養護教諭の身が、いや、こころが持ちません。

子どもが求めればバンドエイドを与えましょう。こころの傷に効くこともあるでしょう。

悲しい家族物語も、頃合を見て、次のお仕事があるから今日はここまで。また続きを聞かせて、と枠を作ってやりましょう。迫真の演技に釣られつい二時間も聞いてしまい、数ヵ月後に作話だったとわかることもあり得ます。

そのようなときに、まあ、あの子ったら私をだまして、と立腹はなさらぬように。演技を愉しんだだけかも知れない。しかし、寄る辺なさに揺れて誰かの視線を自分にしっかり注いでもらいたかったのかも知れません。

作話でだまされたときは、あの子は、話の聞き方、真偽の鑑別法を私に練習させてくれた、反面教師とは申せ、養護教諭としての腕を磨く機会を与えてくれた、そのように思って、作り笑いでもいいから穏やかな表情で、その子を思い出す日を作りましょう。

ひと桁年齢の子どもには『貰い子幻想』という心情が時として現れると言われています。真と偽、事実と作り話、表と裏などの判別が定かでない、あやふやな心情の年頃を生きつつ、やがて現実世界における自分というものに目覚めていくのでしょう。『嘘』について忘れてはならないことを一つ記しておきましょう。明らかに虚偽だと判明した後の作業です。

あの子は、あのとき、なぜあのような虚偽の言動を採ったのか、その辺りをしっかり見つめ直し、あなたなりの結論（「わからない」のひと言でもいい）を事例記録に書き残しておく習慣をつけましょう。そうすることで、あの子はあなたの教師となります。

➡1章12節　真由美を思い出しましょう

4　子どものプライド

四歳の子どもはたいてい、トイレット・トレーニングを終えています。だけど、夜中にしくじることはたまにあります。それを、親が叱ってはなりません。「今夜から、夕食後は飲みものを控えようね」とさらっと声掛けして、登校・登園後に布団を干しましょう。

小学校低学年の子が、見え透いた嘘を言い張ることがあります。「そんなワケ、ないでしょう」と理屈で迫れば、子どもは退路を絶たれます。あなたは検察官になりません。

大した害にもならぬ嘘であれば、「ああ、そうなの？」と聞き流し、孤立しているのではないか、目立ちたがっているのではないか、と少し遠目で眺めていましょう。

嘘か誠か、そのような鑑別は養護教諭に求められていません。

真偽を明かすのではなく、ムキになって訴える子どもの心構えに対し、肩の力を抜いてゆっくり付き合ってやりましょう。物ごころついてからの子ども、そして認知症の高齢者になってなお、人間は生涯、プライドを維持することに、生きる拠りどころの基底を見つけて生きています。

だから、悪名を世界に広めたグアンタナモ米軍基地の俘虜収容所では、拷問時（ジュネーブ条約違反）に収容者からプライドを剝ぎ取る作業から仕事を始めていました。その手法を開発したのが高名な精神科医（D. E. Cameron）であることは、私を悲しませる事実です。

　そのような非人道的な行為はさておき、子どもと付き合う人たち、職業としてとりわけ養護教諭は、子どものプライドには、常時心していなければなりません。

　非行行為が明らかになった高校生に、警察官は事の経緯を明らかにするため、鋭い質問を浴びせるでしょう。

　そのような生徒に対してさえ、理非を裁決することに関わりのない養護教諭は、その子のプライドをしっかり裁量して付き合ってやる必要がある、というよりも、そのような態度で接する職種は、他にないのです。

『一寸の虫にも五分の魂』ということばがあります。五分の魂に付き合っていく職種である、と養護教諭を定義することはできないでしょうか。

　表現はともかくとして、子どもの年齢それぞれに身の丈の『小さな尊厳性』をしっかり抱いていることを忘れないよう心がけましょう。

5　信頼関係という秘宝

守秘義務という法律上の問題から話を始めたこの節ですけれど、堅苦しい法律問題をはるかに超えて『守秘』という問題は私どもの日常生活の中を流れています。

子どもの、ないしょ、ないしょ。仲間だけが知っている少年の秘密基地。恋人同士が大切にする二人だけの秘密、などなど。国家間の秘密や企業秘密は、あれこれの功利的計算に過ぎません。

個人、あるいは小集団内での秘密は、お互いの信頼感・仲間意識・友情などを、それまで以上に強固なものとします。養護教諭と子どもとの間にも、このような意味での信頼感を一緒に築き上げるよう、努力と工夫を重ねたいものです。

中・高生ともなれば、〝小憎らしい〟〝小生意気〟な生徒が増えてきます。そんな子でも、ひと皮むけば純な可愛さを持っています。今どきの高校生はそんなに甘くない、なんて反論が聞こえてくるような気もします。幻聴でしょうか。

山田君、花子さん、といった具合に、現在悪戦苦闘している生徒を念頭に置くのではなく、人間、純粋な心情を持つことが可能なのはせいぜい高校生くらいまで。このことを保健室では忘れないようにしましょう。

中学生時代、学校へは居つかず、さんざ大小の非行を重ね、児童相談所の心理士にどっさり大汗をかかせた男の子がいました。阪神・淡路大震災後の子ども救援に走り回ってくたびれ果てていたこの心理士のところへ、何年ぶりかで元少年がやってきました。「センセエ、見舞いに来たったでえ」と。再会を喜びながら、公営交通機関の途絶えている中、どうして来たのかと尋ねました。窓から道路を指差して、

「あれで来た」

「チャリンコで、か？」

「いや、その左側のやつ。」

そこには一〇トン・クレーン車がドーンと駐車していました。

感激した心理士は、傾いた店の前に七輪置いて焼き鳥を焼いている店を見つけ、二人で冷や酒を酌み交わしました。少年院などを経て自立し、中古クレーン車を購入、瓦礫整理で稼いでいる由。十数年前に汗をかかされ通しだった心理士の苦労は吹っ飛びました。

信頼関係を築けたかどうか、その結果は、直ちに見えてくるとは限りません。人生という永い目で見て、保健室で子どもとの信頼を育みましょう。

7節

保健室は「出島」

1　治外法権？

西田篤さんという達意の児童精神科医が、広島市立の児童心理治療施設におられます。学校の保健室は、江戸時代長崎の『出島』であると、西田さんはおっしゃるのです。ああ、なるほど、と私は共感しました。

校内では学校らしくない場、などと養護教諭が語れば、管理者からお叱りを受けるでしょう。でも、学校に強い関心を向けている児童精神科医の眼には、そのように映るのです。

鎖国していた江戸時代、外国から来た人や文物と自由に接触できるのは、長崎の出島のみに限られていました。朝鮮交通使やシーボルトなど、江戸まで行った外国人は何人もいましたけれど、国家機密防衛上の配慮だったのか、仰々しい行列に守られていました。

当時の、外国事情・西洋技術を学習したい若人たちは、長崎へ留学して出島へ通ったものです。西田さんは、治外法権の場というこの特性を捉えて、出島を保健室のメタファーとして用いられたのでしょう。

当世風『出島』の主である養護教諭は、法治国家の学校に住まう人ですから、法律

179

がんじがらめのような学校の申し合わせ、約束事、規則・規約、生徒手帳という枷に抑えられることは、教員よりも少ないでしょう。

腹痛を訴えてやってきたこの子は仮病だな、とわかっていても、三〇分ベッドに休ませるくらいは、日常的に破っておられる禁則行為でしょう。

出島は、鎖国・禁令の及ばないという法律上の特性ばかりではありません。唯一外部と自由に交流できる場でもありました。

そのような営みも、保健室は担っていますね。公文書を作らずに交流する。裃《かみしも》つけない対外交渉は保健室のお手のもの。

春の健康診断は、法令で定められた毎年変わらぬ定例行事ではあるけれど、校長決済が必要。だけど、信頼できる校医に連絡をとって臨機応変で行う共同作業は、いちいち上司に相談する必要がないあなたの得意技でしょう。

治外法権とは、いささか物騒な小見出しをつけてしまいました。「モノは言いよう」といったニュアンスでお考えください。

2　人間くさい交流

医師として、校長に会うとなりますと少し身構えます。いささか他人行儀になります。ふらりと診察室を訪れてきてくれる担任なら、胸襟を開いて子どものことを話し合えます。養護教諭となりますと、もっとリラックス。これまた、例外はありますけれど、前口上抜きで子どもの話を始めることができます。

養護教諭が携わるメンタルヘルスといっても、相手は医者ばかりではありません。県警少年課との交渉となりますと、ちょっと大変です。大都市は別として、地方では駐在さん（とその奥さん）は地域で子どもを見守ってもらうのに欠かすことのできない存在です。家庭訪問の帰途、駐在所に人影を見かけたら、ひと声掛けていきましょう。

民生委員や主任児童委員、役所内にある家庭児童相談室（略称、家児相）も、似たような位置にあります。効能はまことに千差万別。

学校には、多様な対外交流があります。教育や防犯といった学校運営に直接繋がるものもあります。虐待の怖れがある子を早く見つけ、地域で未然に防ごうという目的で作られた、政令による大仰な会もあります。『要対協』（要保護児童対策協議会）と名づけられています。これは、子ども虐待防止に役立っている地域は少ないようですけれども。

こういった、いわば裃つけた校外との交流は、管理者の仕事です。何でもかでも学校に責任を負わせる奇妙な時代風潮の中、管理職の先生も大変でしょうけれど。

養護教諭に求められている校外との交流は、そういったものではありません。次の項で地域交流について述べようと考えていますけれど、そういったことに役立つような、ごくごく日常の人間くさい、校区内のお付き合いが、保健室には求められているのです。

家庭訪問の途中や、帰宅途中に立ち寄ったスーパーマーケットなどで卒業生の保護者に出会ったとき、「こんにちは」だけで済ませては、もったいない。「太郎君、元気?」とか声掛けする中で、二百回に一度くらいは、大切な地域情報の手に入る可能性があります。校長先生から市民が声を掛けられたのでは、こういう展開はさして期待できないでしょう。

養護教諭はスパイではありません。自然に情報が入ってくるようなアンテナを、校区内全域に拡げておいてほしいのです。情報だけでなく、思いがけず協力が得られることだってあるでしょう。

3　地域ネットワーク

非行、防犯、食育などなど、学校が新しい課題を負わされる度に、〇〇対策ネットワークが作られます。地域社会で子どもの育ちを支えていくという目論見はいいのだけれど、さてその実効性はいかがでしょうか。前項で触れた要対協などが、疑問例の代表です。

自治体とか教育委員会が作るネットワークは、まず組織図と規約が作られ、代表が選ばれます。年間三回開催など、問題のあるなしに関わりなく、開催日まで定められているものも少なくありません。これでは、効果・効能に疑問を抱いてしまいます。養護教諭に求められ、あなたが行動しなければならないのは、そのように形式的なものではありません。電話一本で即座に動き出してくれる地域の人脈こそ、いざというとき、子どもを護る動きに役立つネットワークなのです。

前項で話しました、校区内で平生の声掛けから始まる人材ネットワークである、と表現してもよろしいでしょう。

「診察時間は終わっていますけれど、子どもを一人診ていただけますか」とお願いできる開業医と何人お付き合いがあるか。身体検査のときに気がかりな皮下出血が見られたけれど、地域巡羅のときに注意してもらいたいと、今の駐在さんはこっそり頼めるような人か、気心知れたお付き合いをしているか。給食をガツガツ食べて必ずお代りする子（被虐待児？）がいるのだけど、見守りをよろしくねとお願いできる主任児童委員はいるか。嫌がらずに長い電話相談と付き合ってくれるスクール・カウンセラー、も。

こういった『顔見知り』『こころ許せる仲間』が校区内にどれくらい確保できているか、それが問われているのです。このようなことは、地域連係図に載せることができるものではありません。

あなたは、こういった類の交友をいま、どこまで拡げておられますか。会議を開いて討議している暇なんてない緊急事が、時として保健室を襲います。そのようなときに瞬発力を発揮できるのでなければ、『子どものため』の地域ネットワークとは申せません。

このような人材を確保できた方は、転勤時に必ず、後任者を相手に直接紹介して、一代に限ることなく連係を継続しましょう。どのような職種であれ、困った人も必ずいます。そういう人についても、後任者にしっかり伝えておきましょう、理由説明を添えて。

4　人的資源の活用

地域ネットワークの構築とは一人ひとりとの信頼関係を重ねていくことだ、と前項で述べました。そのところを、いま少し付言しておきましょう。

内科検診の先生は、手際よく仕事をこなしてサッと帰っていかれる。耳鼻科の先生、若くてスピーディだけれど、時々子どもと冗談を交わしたり、耳鼻科とは関係なさそうな質問をしたりして、保健室へちょっと助言を残して帰っていかれる。

前の駐在さんは元気溌剌、調子がよかった。今度の駐在さんは大柄で一見強面《こわおもて》のように見えるけど、巡羅の途中に田の畦にしゃがみこんでおばあちゃんと世間話しているときは、引き込まれるような笑顔が見られる。

去年のスクール・カウンセラーは若かったせいかも知れないけれど、相談室から一歩も出てこなかった。今年の人は、三〇代後半の働き盛り、職員室や保健室へ出前注文を取りに行くように顔を出してくれるので、相談しやすい。

百人百様、人さまざまです。それぞれに持ち味がある。いざとなったとき、この人は子どもの援軍となってくれる人かどうか、その部分の鑑別はなかなか難しいものだけど、とても大切です。

しかし、このように苦労して選りすぐった人材こそ、危機に追い込まれたときのあなたに、救援隊となってくれるのです。慎重・丁寧に人材を査定しておきましょう。

校内の人材は定まっている、わかっている。入れ替え不能。だけど校外の人材は無尽蔵。大変なことが生じたとき、あわてて駆け込むのでは、相手も困惑するでしょう。普段からのお付き合いが大切。年賀状もそのため世に用意されているツールだ、くらいに考える心得がほしいものです。

医師が専門枠を超えた部分で困っている、そんな子の存在に気づいたときには、養護教諭が学校側からお手伝いできることはないか、問い合わせてみる。こんな返礼も当然、常々考えておきましょう。世の中、ギブ・アンド・テイクでバランスが取れています。

ここで語っている地域連係は、上司と相談しながら進める類のものではありません。その分、あなたの自己責任が重くなることも念頭に置く必要があります。

本項では、いろいろな職種の両面をいささかあげつらってきました。しかし査定するからには、相手からあなたがどう査定されているかについても、常時自己点検し続けましょう。

5　専門家による援助

練習中に子どもが骨折すれば、整形外科のある病院へ直ちに搬送します。迷いはない。

各地を巡っていますと、「私の校区には精神科医がいません」という嘆きを時に聞かされます。私が精神科医だから、精神保健の学習会だから、ということもありましょう。だけど、精神科医がいれば安心、というものではありません。どの職種（養護教諭も含めて）にも言えることですけれど、質の高低ということもあります。優しくて薬の匙加減が上手で、一日に九〇人もの患者を診ているという、地域評判の精神科医もあります。だけど、いくら優しくても日に九〇人相手にしていては、こころの襞にまで聞き入るゆとりなど物理的に成立しません。

スクール・カウンセラーは随分増えました。普段は面接室で一対一のカウンセリングをしていても、学校へ出向いたからには、この書物で繰り返し強調してきたように、行動的になってもらわねば、子どもの役には立ちません。スクール・カウンセラーの功罪が大きく論議されているのは、その辺りを巡ってのことでありましょう。

保健室運用について校外に専門性を求めたくなったとき、果たしてそれが本当に必要か、その職種の人が見つかったとしても、当人が子どものつらさに寄り添うことのできる人か、それとも助言を受けるだけに留めるのが安全か、慎重に判断しましょう。専門『家』は、専門『化』された人。職種を問わず、その領域ではエキスパートであれ、子どもの悩みに付き合っていけるかどうかは（精神科医も含めて）別問題です。ローカルな地域で仏教が伝統的に盛んな地方であれば、お寺の住職さん（ひょっとして、本校の卒業生？）が大きな支え手となる場合だってありましょう。

専門知識・技術・能力・資格、そして子ども好きかなど、上手に区別して地域資源を活用したいものです、

ある僻地の中学校（もう統合されました）、生徒数が十数人、一〇人ばかりの教員は全員単身赴任という学校の養護教諭とお付き合いがありました。都市部のような地域資源は何もないけれど、どこへ走ればまむしの血清がある、所要二五分など、必須の知識はすべて諳《そら》んじているとおっしゃっていました。

あれこれ専門家がいないと運営できないのであれば、僻地校の保健室は成立しません。

➊1章9節　信子が思い出されますね

8節

嗅覚を磨く

1 「悩んでいる」と言ってやってはこない

第六感、という言葉があります。でも、生理学的には視、聴、触、味、嗅覚の五種類が大切で、教科書にもそう書かれています。

この中でも嗅覚は、もっとも遅れているというか人間では退化して敏感さの乏しくなっている感覚です。しかし保健室の主は、この感覚を磨く必要があるのです。もちろん、香水の研究に励みましょうと申すのではありません。

保健室へやってくる子で、「悩みがあるの」と言って相談にくる子どもは、誠に例外です。

いつとはなく保健室への来室が増えてきた、こんな元気な子がどうして昼休みに群れてやってくるのだろう、かすり傷や軽い腹痛などちょっとしたことでよくやってくる子だなあ、こんな風にして繋がりの始まることも多いでしょう。

腹痛を訴える子を保健室へ連れてきた元気印の生徒自身が、大きな問題の主人公だと後に明らかとなってきた例もありました。

そのような子どもの中から、この子はいまＳＯＳを発しているのだな、と〈嗅ぎ取る力〉を養護教諭は求められているのです。さりげない訪室、何でもないような子どものそぶりから、支援してやる必要がある子を分別するのに、あなたはどのような方法を用いておられますか？

ああいう言動を示せばこうする、といったマニュアルなど作ることは不可能です。子どもの困り方も伝え方も、誠に千差万別です。

そのようなとき、しょんぼりしている姿に注意を留める視覚、「せんせ、しんどい」というつぶやきを聞き取る聴覚も必要ではありましょう。

直ちに介入すべき問題は誰にでもわかります。五感を澄ませていればいい。だけど、養護教諭はそれだけでは済ますことができないのです。その子がかもし出している雰囲気を感じ取る能力が求められています。

いま直ちに出動すべき問題があるのか、少しゆっくり近づいていくのがいい場合なのか、判別が求められます。

養護教諭に嗅覚を磨く必要が求められると私が申すのは、そのような意味合いでのことなのです。

➊1章1節　桃子が思い出されます

2　崩壊家庭とは

かつて、といってもほんの二〇年ほど前まで、学校や世間では『崩壊家庭』という言葉がよく用いられていました。家族関係が乱れている、ひとり親家庭、要援護家族などを表現する言葉でした。

これは、日本が戦に破れるまでの修身教科書などにあった「あるべき家庭の姿」という国策理念型から外れている家庭。そのような意味合いで使われていました。

いまでは、ひとり親家庭なんて珍しくもなく、格差社会の中でどれほど努力しても貧困から抜け出せないご家族、ＤＶの父（あるいは、母）によって修羅場になっているご家庭の子どもは少なくありません。

そんな時代になって、崩壊家庭などということばはもはや通用しません。

古語となった『崩壊家庭の子ども』という視点ではない。もっと幅広い意味合いで、この子がいま示しているこころの揺らぎの背景には、特別の事情がご家庭に何か潜んでいるのではないか。そのように推量する努力が、養護教諭には求められている時代です。事情調査ではなく、まさに〈養護教諭の嗅覚〉とでも表現できる感性が求められます。

垢じみた同じ服を着続けていれば、まずは被虐待児ではないかと考えるのが定番という時代になっています。だけど同時に、銭湯へ行くお金も食費に回さざるを得ないお宅ではないか、とも考えてみる、そのような複眼的観察が養護教諭に求められているのです。

このような行為は、マニュアル化なぞとてもできそうにない、個人の感覚に属する課題です。書物の多読で身につくものではありません。先輩の伝授によって得られるものでもありません。一人ひとりの養護教諭が自身の体験から感じ取り、仲間と事例検討を重ねていって自然と身についてくる、そのような技でありましょう。

浮かぬ顔の日が多い、学校へ送ってくる親と降車の際にきつい言葉が飛び交う、忘れ物が多くなった、不満発言が増えてきた、孤立しているようだと担任からの情報がある、など。

子どもの日常生活における変化から、その子の暮らしに何が生じているのか、そのようなアンテナを日々張り巡らせておくのが、保健室の役目である、と私は考えているのです。新しい仕事が加わるのではありません。これは、保健室勤務における日常スタンスなのです。

3　養護教諭のセンス

あの人、服飾センスがいいわね、などという、あのセンスではありません。

前項でお話した〝アンテナ〟に通じるものとお考えください。服飾のセンスは他人に向けてアピールする行為、すなわち発信行為です。ここで強調したいセンスは、養護教諭が周囲の流れを感知する受信行為なのです。

インフルエンザ対策としての手洗いやうがいの指導などは、全校一斉に行うことができます。

食育として朝食は必ず食べてきましょう、生活リズムを整えるため早寝早起きをしましょう、などということは、文部科学省から通達がなくても常識として子どもたちに伝えることができます。もっともこれらは、養育者が納得して協力してくれなければ、成功させることは無理ですけれど。

こういった、からだについての問題は眼に見えることなので、養育者に協力を強く求めることも可能だし、事前にあれこれ手を打つこともできましょう。

だけど、こころに関するテーマは、こういう具合にはなかなか進みません。最近何となく浮かぬ顔をしている子に、いちいち「何かあったの？」と尋ねるわけにも参りません。親の夫婦関係が大きく揺らいでいるようだと情報を入手しても、子どもに「大丈夫？」と声を掛けることはできません。

ここで、養護教諭のセンス　受信能力の程度が問われるのです。言葉には置き換えることのできないメッセージをどう感受するかということです。これも書物から得られる技ではないですね。

では、どうするか。言語化できないメッセージは、身の回りに沢山ありましょう。活字で読んでも大して面白くもない落語が、真打のライブで聴くと笑い転げるでしょう。あれです。

小説を沢山読むのもいいでしょう。だけど、ストーリーだけを追っているのではあまり意味がありません。映画やテレビドラマを見るように、小説を読みながらその場の情景をこころの中で映像化していきましょう。行間の意味を読むというのはこういうことです。

美術館通いもいい。好みのタイプの音楽会へ行くのもいい。定評のある名庭園を観に行くのもいい。ことばに置き換えられ難い美や面白さに触れる機会をどんどん増やしましょう。

4　視野の周辺をかすめていく子

この節では、養護教諭の感覚入力能力を強く求め続けています。もう少し、お付き合いください。

この本で繰り返し述べておりますけれど、保健室の住人に求められている作業は、最高級のマニュアルが出版されても役立たない類のものなのです。この書物も、マニュアルではありません。あえて申すならば、警告書（行動注意書？）とは申せましょうか。

この職種は、目の前にいる問題ありの子どもだけを対象としているのでは、困る、駄目だ、有能な人とはいえない、そういうことなのです。学校の内外で暮らしていて、私の学校の子どもをフト目にして、直感的にあれこれこころが起動する、そのようになる職能を求められている、と私は信じています。

やせこけて脈拍も血圧も低下している、左前腕部が切り傷だらけ、そのような子を前にすれば、まず何をすべきかの判断を行うと同時に、大層なメッセージを突きつけられていると、誰でも感じ取り行動を開始します。

からだにも行動にも表現することのない子どものこころについては、簡単ではない。

この節の初め三項で語ったような、センスがここで求められます。

血を流しつつ連れてこられる子や救急車を呼ばねばならない子だけではなく、ごく日常的に校内外で眼にする本校の子どもに対しても、日々視線を巡らせていましょう。校内では物静かでおとなしい女の子が、土曜日にスーパーで会ったとき茶髪だった。だけど月曜日には黒い髪で登校してきたことを眼にすれば、有能な養護教諭の視線はスイッチ・オンします。その子を呼び出して問い詰めてはなりません。何だろう?とこころに留め、アンテナを動かし続けます。

誰にでも気づかれる大きな問題にばかり捉われているのでは困ります。大規模校では養護教諭二人配置で役割分担できます。それよりもう少し小振りの学校ですと、なかなかそのような気配りも難しいでしょう。

大きなこころの問題を抱えている子は、あからさまな前兆を示すこともあるけれど、後で考えると視野の周辺で気がかりなところがある子だったと反省することもあります。

何事であれ、早期発見・早期対応が必要なことは間違いありません。

➡1章3節　洋はどうでしょう

5　普段の目配り

視覚と嗅覚、それにやはり第六感と表現することになるのでしょうか、でもそればかり推進しますと、school nurse が school police に変身してしまいます。これはいけません。

この章2節で、受容だけではやっておれないと書きましたけれど、基本は母のこころ。受容の構えが養護教諭の基調姿勢です。受身の構えです。

いまや世界的なスポーツとなっている柔道。これは元は武技であり、自衛・反撃の手段です。だけど、受身をしっかりと身につけていないと、とても危険ですね。

では、普段の受身・気配りを養護教諭はどのように行えばよろしいのでしょうか。とても難しい問いです。私にも回答がまだ見えてきてはおりません。

私の職業だった児童精神科医は、外来診察室で、子ども（と親）が部屋へ入ってきた瞬間から親子の観察を始めていました。

日本における児童精神科医の元祖、堀要教授は、「ボクが抱くと赤ちゃんは決して泣かないんだよ。診察室へ入ってくる瞬間から、お母さんの抱き方をしっかり見ていて、その通り抱けばいいんだ」と語っておられました。凡人に、とてもそこまで真似はできません。堀先生が醸し出すやさしさのフェロモンを、赤ちゃんが嗅ぎ取っていたのでしょう。

日常の対人関係業務でこれは、すごく大切なことだと思います。ギラギラと観察の眼を光らせるのではなく、ようこそ来てくださった、そういう受容の眼差しでもって、その日の最初の接点をスタートさせることは大切です。

若いころのある夕刻を、フト思い出しました。閉鎖病棟の出口に接する面会室で若い看護師たちと精神科看護の勉強会をしていました。病棟のドア辺りで大きな音がしました。若い人たちは動きませんでしたけれど、定年近い老練の看護師長は咄嗟に飛び出して、何が起こったのか確かめに行きました。普段の視線とは、こういうことでしょうか。

改まったことではなく、勤務時間中ずっと緊張を強いられるのでもなく、咄嗟のとき瞬時にスイッチ・オンできる機敏さ、いつにない子どもの変化を目ざとく気づける、そのような日常のこころ配りが必要なのでしょう。

常時臨戦態勢では、養護教諭の身も心も持ちません。目つきギラギラでは、子どもに鑑別所気分を味わわせかねません。動きのバランスが求められるところです。

9節

保健室の経営学

1　エネルギー配分の技

保健室の業務は際限なし。毎年度初めに二ヶ月ほど続く一連の健康診断から、一年は始まります。その前に、入学予定者の中で訳ありの子どもについては、前の学校の担任や養護教諭から情報の申し継ぎをしっかりと受けておくという作業が入ります。年間通して、保健指導・管理・相談、栄養・食育、怪我・病気、流行性の感染症対応、さまざまな会議、報告書の作成といった、日常定型業務のみで一年間が埋まってしまうような感があります。

それに加えて、二〇世紀の終わりごろからメンタルヘルスの仕事が急速度に増えてきました。保健室登校は、初めは心ある養護教諭によってひっそりと受け入れられているものでした。

でも、文部科学省がフリースペースへの参加まで登校日数に算定するようになってからは、堂々と存在が明示されるようになりました。保健室から溢れ出した子どもたちのために、別室登校という言葉も創出され、運営されています。そのような多忙の中で、この章で述べてきたようなメンタルヘルスの仕事を、本当にできるのでしょうか。

各地で事例検討を重ねる中で、「できる」と、私は確信するようになりました。土・日・祭日をつぶして勉強会にやってきて、見事な事例を示してくれる養護教諭。大抵の場合、強烈な多忙さの中で、心が大揺れしている子どもとしっかり向き合っていることを見せられてきました。

前章７節に登場した里子。養護教諭は一発勝負で問題を見明かし、なすべき課題を整理し、それぞれをレールに乗せて、五ヵ月後には笑顔で卒業させました。

何度も何十回も話し合ったり、一度に三時間話し込むことが必要な子も、確かにいます。しかし、養護教諭にカウンセリング・マインドは必要だけれど、カウンセラーではないことを忘れてなりません。

この子はいま、しっかりと向き合っておく必要がある、あの子は必ず一日一回は声を掛けておきたい、この子は連絡を密にしながら担任に任せよう、あの子は教頭に手伝ってもらおうなど、投入する時間とエネルギーは子どもによってさまざまです。中には、多忙の中で、それほど大変ではない子どもと毎日三〇分『面接』している養護教諭にも会いました。

忙しい日々、今、どの子に力を注ぐか、エネルギー配分にしっかり減《め》り張《は》りをつけましょう。

2　管理職を鑑別診断する

もし、この本を管理者に見せることが生じた場合、この二頁をフェルトペンで必ず黒塗りしておいてください。

学校の人事は階層化されています。したがって管理者の人となりによって、学校の雰囲気が左右されます。当然のことといえばその通りですけれど、そのためにあれこれ波紋の拡がることがあります。それが、保健室にまで波及してくることも少なくありません。

一〇年余り前の話ですけれど、新しくやってきた教頭が激しい人で、「保健室登校」は怠けであり、養護教諭は甘やかしているという信念の持ち主でした。保健室へやってきて、一人ひとりの子どもに問い質し、「君は教室へ行きなさい」と即決で多くの子どもを排除しました。

一年後の勉強会でお会いしたとき、被害者だったこの養護教諭は晴れやかな笑顔で挨拶なさり、「あの教頭先生、一年でめでたく他校の校長に《栄転》していかれました」と嬉しそうに報告してくれました。

保健室登校は文科省お墨つきになっていますし、このようなひどい行為に及ぶ管理者はもうおられないと期待しています。管理色や支配性の強弱はさておき、校長、教頭も人の子、さまざまなお人柄の方がおられます。

養護教諭が転勤したとき、新しい管理者が着任したとき、保健室ではまず、この管理者と自分とは波長が合うか（合いそうにないと予感すれば、どちら側の問題か）、どのような協業が可能か、しっかりとアセスメントしておきましょう。

良い・悪いという二択判断ではありません。どのようなお人柄で、どういうことは得手でなく、どういった面は協業できるかを査定するのです。管理者から養護教諭が査定されている面もあります。無視されている学校もありますけれど。

対外交渉は実力派だけれど、子どものこころの襞を読むのは得意でない校長もいます。風采上がらず人生の舵取りも器用でないけれど、保護者からは強い信頼を寄せられ、あれこれ相談にやってくる親が多い、そのような教頭も居られました。

校長は権威的で近寄り難いけれど、教頭は保健室の大変さをよく理解してさりげなく支援し続けている、そんな『ペア』も見ました。

校内でどのような協業が成立するか、とりわけ校長と教頭（ないし副校長。主幹教諭、主任教諭などの職階を作った自治体もある由）のありようは重要事項です。

3　担任との協業をどう組むか

子どもと担任との関係、こころの距離は、小・中・高校によって随分違うものですね。四〇年余り学校精神保健に関与してきて、その感じを強くしました。

養護教諭の仕事は多彩で多忙。学校の内外でさまざまな人・職種と力を合わせないと、成り立つものではありません。担任の場合についてはどうでしょう。

小学校では、二〇～三〇人ほどの子どもを一人の担任が年間三六五日仕切っています。だから『学級王国』などという呼び名も生まれたのでしょう。

濃密な子ども集団と一人の成人。発達水準を考慮に入れれば、ある意味、好ましいものと考えられます。だけど必然的に、閉鎖的となる可能性を内在しています。その意味での危うさを秘めていることを、小学校で働くときは計算に入れていましょう。

このような構造上の問題から、保健室は学級に風穴を開ける、いささか介入的に働きかける必要が生じる場合も少なくありません。気になる子については、「家庭訪問なさるときお供させていただけませんか」と働きかける、など。こういうときは、からだの健康問題を材料にして担任にお願いすると有効です。

中学校になれば、担任とはいっても担当科目の授業やホームルーム以外では離れており、心理的にもぐんと距離ができます。思春期に入るということも関係していましょう。

このような中間距離になりますと、担任の人となりにもよりますけれど、養護教諭が一人の生徒へ積極的に関われば、「じゃあ、この子はあなたにお任せ」といった具合に、担任が手を引いてしまうことも生じかねません。小・中いずれも、どちらが主になるというものではありません。どんなバランスで、デュエットするかという問題です。

小・中・高校に限らず、担任に任せていては埒が明かないと判断して、独断で家庭訪問して回路を開く老練養護教諭もおられます。だけど、できるかぎり担任と協力して、波風立てないようにアンサンブルを成り立たせたいものです。

高校になりますと、頼りなげに見える子であっても、半大人として付き合うことが担任にも養護教諭にも求められます。青年期における自尊感情を大切にするということです。この年齢になっても居丈高に振る舞う教員がおられますけれど、中・高校生は、結構しっかりと教師や大人を観察しているものです。

➡1章10節　ゆきこの担任を、フト思い出しました

4　スクール・カウンセラーとの連係

一九九五（平成七）年四月に、いじめ問題対策として試行的に学校へスクール・カウンセラーが配置され始めました。急激に増加したことにも由るのでしょうか、現場への役立ち方は誠に千差万別のようです。

ここでは、個人の能力・資質を問うているのではありません。当の学校現場が助かっているかどうか、これが気になるところです。

同僚だった臨床心理学の教員が語っていました。彼女は、現場で動くことを好む経歴を持っている人です。スクール・カウンセラーを始めると、職員室や保健室へ出向き、子どもの話を持ちかけて、びっくりされたそうです。「相談室から出てきたスクール・カウンセラーは、先生が初めてです」と言われ、今度は彼女の方がびっくりしたと伺いました。

気がかりな子どもの面接を依頼し、終了後に結果を尋ねたところ、「守秘義務があるのでお答えできません」と断られたと、困っている養護教諭には何度となくお会いしてきました。

あらゆる職種がそれぞれの職能において子どもに関わり、共同作業の成果を目指すのが、学校精神保健の基本です。

スクール・カウンセラーだって、例外ではありません。刑法（一三四条）で守秘義務を課せられている精神科医も有能な人であれば、受診している子どものことで立場を明かして相談に行くと、精神医学的所見を説明し、学校での対応策について助言してくれます。この節の第2項で考えたのと同じ作業を、この職種にも行う必要があります。

「この人は、子どもたちにとって、学校にとって、有効な人であるかどうか」ということが《診断》の基準となりましょう。

子どもを診る眼が確かで、養護教諭の問いかけや悩みにしっかり耳を傾けてくれるスクール・カウンセラーであれば、共同作業を大いに膨らませましょう。

週に一～二回、八時間だけやってくる職種だからこそ、校内の空気の流れを客観的に眺めてもらえる可能性などということも考えられます。

この職種は、一年契約の仕事です。頼りにしていても、四月にはまた別の人がやってくる可能性があります。学年初めで健康診断に忙しい時季ですけれど、四月はこのような人物査定の時期でもあります。

5　卒業式で「さようなら」

毎年、三月には一学年分の子どもが巣立っていきます。晴れやかな旅立ちであると同時に、ちょっぴり淋しさを伴う別れの季節でもあります。

熱心過ぎる養護教諭の中に、稀に見かけるのですけれど、全力投球で支えてきた子どもを、卒業してからも追いかける人がいます。これはよろしくありません。いまの時代「メール・アドレスを教えるくらいは許されるのでは」と問うた人もいました。こちらから教えるのは、すでに追っかけです。求められれば、相談があれば学校へ電話してね、と返しましょう。

手のかかった子ほど、卒業後のことが気になるのは当然です。でも具体的に動けばその分、力と時間をその子のために削がれることを考えましょう。新入生が入ってきて、また、新たに気がかりな子どもが必ず登場してきます。計算すれば、全力を在校生に準備しておくべきだということは、自然におわかりでしょう。

そうはいっても気になる子、問題解決の道半ばという子どもなどがいて、後ろ髪を引かれる思いになることがあります。

では、どうするか。講堂で全員が参加する卒業式とは別に、その数日前に、「保健室の卒業式」を二人だけで行いましょう（前章15節のように）。事前に記録を丁寧に読み返し、思い出したことを書き加え、真剣かつ温かさをもって臨みます。

これまでの日々を二人で思い出し、成功体験部分を強調し、現状とこれから想定される課題を整理してやりましょう。あまりあれこれ列挙してはなりません。今後の課題は三点以内に留めます。

保健室登校が続いて新しい学校に不安を抱いている子には、次の学校の養護教諭へ連絡しておこうかと尋ね、本人が希望すれば、文書にまとめて郵送し（相手が事例記録を書く時間を省略させる）、届いたところに電話を入れましょう。このようにして途切れのない支援を行うことが求められます。自分から電話・手紙・訪問などで後追いするのは、先に話した算術計算だけでなく、次の養護教諭への越権行為にもなりかねません。

あれだけ汗をかかされた子。卒業式の後、担任とはにこやかに挨拶したのに、向かい側で見送る私には顔も向けなかったと嘆く人もいますけれど、迷惑をかけたという照れくささも、子ども心にはあるのでしょう。

➡1章7節　里子も思い出されます

10節

あなた自身のメンタルヘルス

1　傷つくこと多き仕事

極めて不安定なご家庭のお母さん、事情や状況を棚上げして、養護教諭を一方的に攻撃するということがあります。

この子のためにと私生活まで削って養護教諭は全力投球してきたにもかかわらず、分を超えているのではないかと、管理職から糾弾されることもあります。

中学生など一〇代前半は、甘え心を密かに抱きながらも、働きかけをうっとうしがられることがあります。善意の配慮を厄介扱いされることもありましょう。

忙しく、苛つくこと多く、責められること少なくなく、結果よしとなった事例でも、好転の兆しが見えてくるのはずっと先のこと。まるで八方塞がりのようになりやすい職業ですね。

御苦労様。

精神科医という職種も似たような一面がありますので、他人事ではありません。

この種の職業を選んだ場合、何らかの自衛策を考える必要があります。ストレスをあまり溜め込みますと、胃潰瘍など心身症に襲われる恐れがあり、気分的に打ちのめされてしまうことも少なくありません。

ある地方で働いていたとき、数名の牧師さんが牧会心理勉強会でしたか名前をつけ、われわれが言う事例検討のようなものだったのでありましょう、定期的に集まり、信者からの身の上相談を巡って話し合いをしておられました。

継続的な参加と助言を求められたのですけれど、キリスト教とは無縁ということよりはむしろ、働き盛りで本業が大層忙しく、ご期待に応じることはできませんでした。これも一種宗教家の自衛策であったのだろうと想像されます。

とにかく、悩みやつらさを独りで抱え込んではなりません。

事例の『解釈』まで記録に書き込んで、その日の気分を一応決着つけた上で帰宅する人がいます。荒れていたクラスの担任と仲がいいので、毎日二人で二〇分、ぼやき合ってから校門を出る人もいました。養護教諭も含めて女性三人の仲良しグループが校内にいて、誰かがはじけそうになると、焼肉屋で大いに喋り合ってから帰宅するという人たちもいました。「ちょっと、おじさんっぽいですよね」と笑っておられました。

とにかく、多少こわばっていてもいいから、笑顔で自宅のドアを開けるように努めましょう。

2　報われることの少ない仕事

さんざん汗をかき、私生活をいささか犠牲にしてまで精力を傾注してきたにもかかわらず、親から責められることがあります。

家庭の不安定さを何とか支えようと、あれこれ努力を重ねていた養護教諭。学校に向けては穏やかな母親が、教育委員会へは激しいクレーマーの顔で迫っていました。あるとき別件で、この養護教諭は「家庭の問題へ介入し過ぎる」と激しい叱責を教委から受けました。

ある勉強会で、この方が提出なさった事例に、もっと家族調査をすべきだとの意見が仲間から続いたとき、三〇代半ばで経験を積んできた彼女は、「家庭問題に関わるのは、もうこりごり」とおっしゃったことから、教委の誤解と叱責が背後にあったことが判明したのです。

世の中、どこに落とし穴が潜んでいるかわからないものですね。

「ありがとう」と素直に喜んでくれる子も沢山います。だけど、汗の量が多かった事例ほど、感謝の言葉は少ないようです。大変な事例の検討ばかりを通して私が保健室を見てきた、ということに由る偏見でしょうか。

中学生、高校生と、年齢が上がるにつれて、感謝のことばを届けることが少なくなるようです。言語表現力が年齢と共に高まってくるにもかかわらず。

前章の事例にもありましたように、保健室にしっかり厄介をかけていった生徒ほど、卒業式の日には保健室へ立ち寄らず、養護教諭にも視線を（あえて？）向けることなく、校門を出ていきます。

なぜでしょう。卒業式という祝祭気分の中、立ち直った若者は、保健室で過ごした歴史を、今日だけは棚上げさせてほしい、そんな気分の子もいるでしょう。

今は元気になっているけれど、ボクの弱みを全部、この先生は知っている。挨拶するのは気恥ずかしい、そういった思いの生徒もいるでしょう。

あなたの今日までの努力・思い入れ・気分よりも、何といっても、この子の今日の気持ちを優先させるべきですね。それこそ、対人関係業務の本質です。

職名には関係なく、相手とのこころの交流を本務とする人は、報われることを直接求めてはいけないのです。営業職だって、売り上げ金額のみで評価して・されていては、必ず息切れします。

3　ぼやきの集い

この節初めに、同僚の担任とぼやき合ってから帰宅するペアをご紹介しました。

ぼやきなんて、うっとうしさをことばで吐き出すだけの行為です。

だけどこれは、それほど軽んじてはいけない営みなのです。この章4節でお話したこととは逆の、というか、相手側の行動としてぼやきを考えてみましょう。

こころの中にたまった鬱憤を言葉に置き換え、人に聴いてもらうだけで、事態は何も変化していないにもかかわらず、少なくともその場だけはホッとするものです。「酒どころ絹代」へやってくる客のように。

『聞き上手になること』という一項を立てたくなったほどの重みはないものの、ぼやく相手を選択する際には、充分慎重であることが求められます。

ぼやきの相手というより以前に、情緒的に波長合わせがこの人と私はうまくできているかどうか、これを丁寧に検討しておく必要があります。『ぼやき』という話には誰か悪役となる登場人物がいるわけです。悪者と相手との関係性を計量することも必要でしょう？

ぼやきは、愉しい話題ではありません。そのようなことに耐えてくれる相手であるかどうか、これも査定基準の一つです。

離れた場所に勤める人であれば、都合を合わせることがなかなか難しくなります。隣の校区とか、同じ区・町内に住んでいる養護教諭同士などというのが限度でしょうか。集うことにも無理があってはなりません。

とにかく、モヤモヤを抱くことなく自宅へ戻るための儀式ですから、事例記録やメモを準備するなど必要ありません。支離滅裂の語りでいいのです。右に記したような条件の相手であれば、筋書きをはっきりと聞き取ることはできなくても、あなたの『ぼやきたい今の気持』は、少なくともわかってくれるはずです。

問題解決型対話とか、明日からの策戦会議と考えてはなりません。とにかく、今日背負ってしまった重荷を肩から下ろす作業、そのように考えましょう。

身を軽くすることが要。ヨガやリラクセーションでもいい。だけど、ことばで構築されている問題、ことばで吐き出してその日を終えるのが、よりよい方策だと私は考えています。

重い話なので、二人ではなく、三人か四人でお話できればなおいいですね。聞き役と行司役と、役回りの仕分けが自然とでき上がるでしょう。

4　事例検討の勧め

三人から四人、五人と増えてくれば、大いに結構。グループで何回も話題に上る花子ちゃんのこと、一度、まとめて考え合ってみようかという声が出れば、なおさら結構。

鬱憤晴らしから一歩進めて、花子の暮らしや育ちに何が起こっているのか、仲間数人で考え合ってみましょう。これが、あちこちで私の薦めて回っている事例検討会なのです。一五人、二〇人集まって、専門家を招いて開催するものでは、必ずしもありません。

数名で、すなわち複眼的に、一人の子どもの生き様を丁寧に検討する集いです。一度試してみて、皆が納得したり、花子を担当している養護教諭がこれからの方向性を感じ取ることができれば、この日は大成功。

次は私が事例を出させて、と手を挙げる人が出てくるでしょう。それ以降は、参加者用に、短かくてもいいからプリントを準備する努力を加えてみましょう。

プリントを準備するなんて大変。いち抜けた、とはおっしゃらないでください。初めはそのような腰の引けた養護教諭にあちこちで沢山お会いしました。でも、一度経験してみますと、「プリントを作る途中で、記録に残っていなかったことがいろいろ思い出されてきて、この子について新たな面を発見した」とおっしゃいます。

忙しい日々、一人の子に振り回されていると、つい近視眼的な見方に追い込まれるのが人情です。プリントにまとめる作業は、ズームアウトして客観的に子どもを眺め直すことを可能にします。ここが要点なのですね。難しい子相手に悪戦苦闘しているときには、カメラを押したり引いたりする眺め方なんてできません。百戦錬磨の達人でも、なかなか。

プリント作成上の注意。医者の主訴ではなく、いまこの子は何に困っているかを最初に書きます。次いで、保健室へ繋がることになったいきさつ。それから、家族構成とそれぞれの人となりやおよその年齢など、家庭背景を推察する情報。続いて、当人の成育歴をなるべく詳しく。

その次に、時系列的に養護教諭との交流を記録すれば、参加者の連想が膨らみましょう。

ぼやきから始まったこの事例検討。ガス抜きにもなりましょう。参加者は自分がいま担当している子どもへのヒントも得られましょう。

もっと大きな成果は、事例提供者にとって、こころのケアになるということです。

5　自分の家族、あなたの趣味

養護教諭も精神科医も、魂の疲れる職業。これは仕事柄、致し方ありません。

しかし、仕事で燃え尽きることは何としても避けたいものです。卒業生と街ですれ違ったとき、相手は元気な大人に成熟しているのに、あなたがよれよれの老人になっていては、教え子はどう感じるでしょう。自分（たち）のために先生は萎んでしまった。そのような後悔の念を抱いて目をそらされることのないよう、努めなければなりません。

いまどき、少なくとも七五歳くらいまでは元気に街を闊歩できるよう、現役時代から準備しておく必要があります。事故や癌などは別として、これは可能なことです。まずはからだの健康。食事、ジョギングなどなど、昨今は沢山のメニューが用意されています。でも、気晴らし喰いのスイーツ探訪は危険。マラソン挑戦も体力と相談して。定期的なウォーキングとスクワットなら、無理がない。

こころの面はどうでしょう。夫婦関係はどうですか。学校の子どもには全力投球しているとして、わが子へのエネルギー配分はどうなっているでしょう。

熱心過ぎる養護教諭が、遅く帰宅して子どもたちに食事を与え、直ちに気になる生徒へ長電話を始めました。ずっとお母さんを待っていた小学生の息子がキレました。窓を開けて「お母さんに虐待されてる！」と叫びました。もちろん近所の人たちが直ちに駆けつけました。お母さんは汗顔百斗。こうなっては、いけないですね。

養護教諭は、厳しい仕事を負わされているけれど、同時に、母であり、主婦であり、一市民であることを忘れてはなりません。

あなたは、お付き合いではない自分自身の趣味を持ち、それに割く時間を保持していますか。義理で参加しているサークルは論外。定年後も動ける限り続けられることが、本当の趣味です。それを持っていない養護教諭は、もうイエロー・カードです。「善意の暴力」という言葉（中野好夫）があります。自分本位の善意にうつつを抜かしていては、子どもに害です。犠牲的精神も困りものです。操作的で、子どもに深入りしない養護教諭の方が、役には立たなくても、子どもを害することは少ないかも知れません。

一つの目安として、職業六割、家庭二割、趣味二割、というエネルギー配分を私は勧めています。どこでも「そんなこと無理」と批判されます。もちろん、そんなこと充分承知の上です。

でも、この程度の目標を目指して暮らすのが養護教諭には必要ではないでしょうか。

あとがき

これは、養護教諭の研修に役立つようにと考えて書いた書物です。
でも、書き終えて原稿を改めて読み通してみますと、スクール・カウンセラーになる若いカウンセラー、療育センターに配属されて発達障害児と付き合うようになった若い保健師など、子どもの育ちを見守る多くの職種の若い方々にも役立ててもらえるなあと考えるようになりました。

子どもの育ちつつある姿を読み取る方法を考える書物ですから、考えてみれば、それは当然のことですね。要は、子どもにたいする関心・好き・傍らに添って歩きたい思いの人には、共通の土台がある、ということなのではないでしょうか。

少子化だ、子どもの暮らしが危機的だ、と山のように語られています。総合対策を樹てるのは政治家や中央官僚の仕事でしょう。われわれ市民にできること、しなければならないことは、身近にいる子どもたちが普通に育つことの下支えをしてやることだと私は考えています。これは、専門職が行う職能に限るものではありません。本書の事例（第1章）で全国各地の養護教諭が実践で示してくれたことの中に潜んでいる何かだと思うのです。

この二〇年ばかりの間、どれほどの事例を養護教諭と共に学んできたことか。これほど永続するとも拡大するとも予測していなかったので、細かい記録は残していません。帯広から松山まで、継続したところから短期に終わった地域まで、数百例の子どもとその家族について学びを重ねてきました。

書物にまとめるに際して、第2章の原稿は何人かの現役養護教諭に事実関係を点検してもらいました。内容については、私がもっとも信頼している心理士の一人、三宅芳宏氏から懇切詳細な助言を頂戴することができました。挿絵は、阪神淡路大震災後の子ども支援活動で仲間だった心理士石尾陽一郎さんが描いてくれました。もっとも感謝すべきは、事例を通して多くの学びの機会を与えて下さった沢山の養護教諭たちです。

保健室の主だけではなく、子どもの育ちを支えるさまざまな職種の方にも読んでいただければと願っています。素材は養護教諭から得ましたけれど、結果として、内容は子どもの育ちを読む技を考える書物となったからです。

子どもたちに普通の安全な未来が戻ってくるよう祈りつつ。

二〇一三年一月

六甲の山並みと茅渟の海（二楽）を眺めつつ　**清水將之**

◆著者略歴

清水 將之（しみず・まさゆき）

1934年兵庫県生まれ。児童青年精神科医。1960年大阪大学医学部卒業，1965年同大学院修了，名古屋市立大学医学部精神科助教授，三重県立こども心療センターあすなろ学園園長定年退職。三重県立子ども心身発達医療センター名誉センター長，三重いのちの電話相談顧問，日本子どもの未来研究所所長。

主　著

『青い鳥症候群―偏差値エリートの末路―』弘文堂　1983年

『思春期のこころ』（NHK ブックス）日本放送出版協会　1996年

『災害の心理―隣に待ち構えている災害とあなたはどう付き合うか―』創元社　2006年

『新訂　子ども臨床』（こころの科学叢書）日本評論社　2009年

『子どもの精神医学ハンドブック』日本評論社　2010年

『災害と子どものこころ』（集英社新書）（編著）集英社　2012年

『私説　児童精神医学史』金剛出版　2018年

他，多数

養護教諭の精神保健術
— 子どものこころと育ちを支える技 —

2013 年 3 月 20 日　初版第 1 刷発行
2020 年 4 月 20 日　初版第 3 刷発行

＊定価はカバーに表示してあります。

著　者　清 水　將 之

発 行 所　㈱北大路書房
〒 603-8303　京都市北区紫野十二坊町 12-8
電　話　(075) 431-0361㈹
FAX　(075) 431-9393
振　替　01050-4-2083

印刷・製本／創栄図書印刷㈱
検印省略　落丁・乱丁本はお取り替えいたします。
ISBN978-4-7628-2797-6　Printed in Japan